Leonardo Schulmann

Como ficar rico comprando imóveis em LEILÕES

Leonardo Schulmann

Como ficar rico comprando imóveis em leilões

MATRIX

facebook.com/MatrixEditora

© 2013 – Leonardo Schulmann
Direitos em língua portuguesa para o Brasil:
Matrix Editora - Tel. (11) 3868-2863
atendimento@matrixeditora.com.br
www.matrixeditora.com.br

Diretor editorial
Paulo Tadeu

Capa e diagramação
Alexandre Santiago

Revisão
Lucrécia Freitas
Adriana Wrege

Dados Internacionais de Catalogação na Publicação (CIP)
SINDICATO NACIONAL DOS EDITORES DE LIVROS, RJ.

Schulmann, Leonardo
Como ficar rico comprando imóveis em leilões / Leonardo Schulmann. - 1. ed. - São Paulo: Matrix, 2013.
112 p.; 21 cm.

Inclui apêndice

1. Leilões - Brasil. 2. Mercado imobiliário - Brasil. I. Título.

13-05195   CDD: 346.810437
                                                       CDU: 346.810437

*Para você, meu pai maravilhoso,
que me ensinou a ser um pai melhor.
Sinto muito sua falta.*

Sumário

Apresentação 11
Introdução 13

Capítulo 1 - Entendendo os leilões 15
1.1 Modalidades de leilão 15
1.2 Formas de leilão 16
  1.2.1. Leilão presencial de imóveis 16
    1.2.1.1 Onde encontrar editais de leilão, quais os cuidados a tomar e como falar com o leiloeiro 17
    1.2.1.2 Como se comportar no leilão presencial e os cuidados no ato e depois da compra 23
    1.2.1.3 Local do leilão presencial 30
  1.2.2 Leilão on-line 30

Capítulo 2 - Indo para a ação 33
2.1 Mais informações sobre as modalidades de leilão 34
  2.1.1 Leilão judicial 34
    2.1.1.1 Dilema da melhor oferta em leilão 38
  2.1.2 Leilão extrajudicial 39
    2.1.2.1 Leilão Extrajudicial, Lei Nº 9.514/97 – Alienação de Bem Imóvel 40
    2.1.2.2 Leilão Extrajudicial, Lei nº 4591/64 – Condomínios.. 42
    2.1.2.3 Observações sobre o edital dos leilões extrajudiciais. 43
  2.1.3 Leilão privado 44
  2.1.4 Leilão de créditos (instituição bancária ou similar) 46
    2.1.4.1 Explicando os riscos e os lucros do leilão de créditos 46

Capítulo 3 - Procedimentos a seguir antes e depois da compra .. 49
3.1. Onde encontrar os leilões 49
3.2 Pagamento da guia do leilão 50
  3.2.1 Sobre o não pagamento do bem arrematado 52

3.3 Risco e recompensa 53
3.4 Melhor oferta 53
   3.4.1 Cuidado – desconfie, faça sua própria avaliação 54
3.5 Edital: como analisar 54
3.6 Verifique se há outras ações judiciais 55
3.7 Verifique todas as dívidas do imóvel 55
3.8 Comprar sozinho ou com amigos 56
3.9 Vantagens de contar com um especialista em leilão 56
3.10 Relacionamento com o leiloeiro 58
   3.10.1 Pedindo apoio e uma nova indicação 59

CAPÍTULO 4 - Saiba tudo o que é preciso antes mesmo de
ter o dinheiro para comprar um bem em leilões 61
4.1 O segredo do sucesso está em suas mãos 61
   4.1.1 Não se estresse 61
   4.1.2 Determine um propósito 62
   4.1.3 Pesquise 63
   4.1.4 Não tenha medo de perder 63
   4.1.5 Não tenha receio de pedir 64
   4.1.6 Seja generoso 64
   4.1.7 Não delegue nunca, nunquinha na vida 65
   4.1.8 Anote tudo 65
   4.1.9 Aproveite o sucesso de agora para o futuro 65
   4.1.10 Organização do começo ao fim 66
   4.1.11 Tecnologia 66
4.2 A escolha do imóvel 67
   4.2.1 Plena propriedade 67
      4.2.1.1 Direito e ação 67
   4.2.2. Fração do imóvel 68
   4.2.3 Loteamento irregular – fração de terreno 69
   4.2.4 Usufruto 70
   4.2.5 Garagem 70
   4.2.6 Galpão 71
   4.2.7 Loja 72

4.2.8 Terrenos e áreas rurais 74
4.2.9 Foreiro, laudêmio e tombado 74
4.2.10 Imóvel alugado e imóvel ocupado 76
    4.2.10.1 Após a aquisição, como tirar o ocupante do seu imóvel 77
4.3 Direitos e deveres do arrematante 80
4.3.1 Dos direitos 80
4.3.2 Dos deveres 81

CAPÍTULO 5 - O que é preciso saber depois da compra......... 83
5.1 Após a arrematação, o que fazer?...................... 83
5.1.1 O registro 83
5.1.2 Como baixar hipotecas e penhoras após a arrematação. 84
5.2 O que fazer caso você adquira um imóvel de direito e ação .. 85

CAPÍTULO 6 - Por que comprar em leilões 87
6.1 Comprar para vender 88
6.2 Comprar para obter renda – alugar 89
6.3 Comprar com o dinheiro dos outros 90

CAPÍTULO 7 - Preparando a venda do bem adquirido em leilão ... 93
7.1 Avaliação do bem adquirido 93
7.2 Depreciação e valorização 93

GLOSSÁRIO.. 97
ANEXO I - Leilão *versus* corretagem 103
ANEXO II - Perguntas que não devem ser feitas para não ouvir uma resposta inconveniente........................ 105
ANEXO III - Modelos de petição........................... 109

Apresentação

Quando comecei a escrever este livro, minha mulher foi a primeira a me pedir para não fazê-lo, alegando que eu demorei tantos anos para descobrir tudo o que conheço e que estaria agora dando tudo de mão beijada em menos de cem páginas.

Não só ela me criticou como também muitos outros amigos que eu ajudei a fazer bons investimentos e alguns clientes, alegando que a publicação deste livro aumentaria a concorrência. Ocorre que essas alegações não fazem sentido algum, pois, muito antes de eu escrever o livro *Como ficar rico comprando imóveis em leilões*, um sujeito chamado William Nickerson escreveu um livro parecido, não sobre leilão, mas sobre uma escala de compras em imóveis. O livro, intitulado *How I turned $ 1,000 into five million in real estate*, foi escrito em 1969 e teve 3 milhões de cópias vendidas até hoje.

Nickerson afirma o mesmo que eu 44 anos depois: o número de ofertas sempre será menor que o número de interessados em adquirir um imóvel, pois, além de haver um aumento crescente da população, o que faz o imóvel se valorizar, sempre haverá menos imóveis do que a procura.

Assim, estou tranquilo e feliz em passar meus conhecimentos a você, leitor que se interessar pelo assunto. Uma boa compra em leilão, mesmo que demore a se regularizar e haja algumas despesas extras, nunca será uma perda em longo prazo. Bom proveito!

Introdução

Em agosto de 2009, em um leilão judicial do Rio de Janeiro, mais um imóvel foi vendido – o martelo acabara de ser batido, anunciando a venda de um enorme apartamento de 400 m^2, em pleno bairro de Ipanema, pela quantia de R$ 400 mil (pouco mais de US$ 200 mil, na ocasião). Menos de um ano depois, o felizardo comprador vendeu o apartamento, sem realizar obra alguma de melhoramento, por R$ 850 mil – um lucro de mais de 100%.

Oportunidades como essa podem ser facilmente encontradas no mercado brasileiro de leilões de imóveis, em que a principal vantagem é a possibilidade de encontrar imóveis com preço bem abaixo do aplicado no mercado. Em geral, porém, são imóveis, ocupados ou não, envolvidos em brigas judiciais e extrajudiciais – grande parte dos imóveis vai a leilão por falta de pagamento do proprietário ou para abater dívidas com seus credores. Por isso o interesse na venda: o dinheiro arrecadado servirá para quitar as pendências. Assim, *novos investidores e veteranos compradores, ambos sortudos*, podem se transformar, sim, em pessoas um pouco mais afortunadas ou milionárias com a compra e a venda consecutiva de inúmeras operações em leilão, prestando, claro, atenção às armadilhas desse grande negócio.

Este guia – *Como ficar rico comprando imóveis em leilões* – o ajudará nesse caminho, desvendando, de maneira fácil e inédita, todas as formas de você participar de qualquer tipo de leilão e comprar os imóveis que desejar.

CAPÍTULO 1
Entendendo os leilões

Tenha em mente o seguinte propósito:
Vou comprar algo em leilão.
Se não for hoje, será amanhã.
Para que ter pressa?
Só preciso saber meu número.

1.1 MODALIDADES DE LEILÃO

O leilão é o tipo de venda mais eficaz e consagrado do mundo, no qual se vendem desde quinquilharias até enormes patrimônios imobiliários. Na Antiguidade, escravos e prisioneiros eram vendidos por meio de leilões.

Há quatro modalidades de leilão:

- judicial;
- extrajudicial;
- privado; e
- público.

Na modalidade **judicial**, toda a execução de venda de imóvel é determinada por um juiz, que pode ser tanto da esfera trabalhista quanto cível, municipal, empresarial e até mesmo criminal.

Na **extrajudicial**, não há interferência de um processo judicial, pois, na maioria das vezes, o leilão ocorre pela ausência de pagamento entre duas partes que previamente concordaram, por meio de um contrato, que a inadimplência de alguma parcela do compromisso firmado entre eles poderia acarretar a venda do bem em leilão.

A terceira modalidade é o **leilão privado**, em que qualquer pessoa física ou privada poderá vender seus bens. Cito como exemplo a venda de direitos creditórios em leilões privados, que tem ocorrido por genialidade de um grande leiloeiro em São Paulo chamado Mauro Zukerman.

Já no **leilão público**, uma instituição de poder público ou misto resolve se desfazer de bens que pertencem a seu patrimônio por razões que não envolvem pendências judiciais. Um exemplo seria a venda pública de imóveis do INSS ou até mesmo da Caixa Econômica Federal, mas não por meio de leilões judiciais, claro, e, sim, para se desfazer de ativos pertencentes ao seu patrimônio.

No Capítulo 2, *Indo para a ação*, voltaremos a falar mais detalhadamente dessas modalidades.

1.2 FORMAS DE LEILÃO
1.2.1. Leilão presencial de imóveis

Atualmente, a forma **presencial** é a forma mais comum, na qual o indivíduo faz uma inscrição prévia ou simplesmente participa do leilão para, depois, quando finalizado o leilão, informar seus dados.

O leilão público presencial pode ser tanto judicial quanto extrajudicial na venda de imóveis.

No leilão judicial, os imóveis são oriundos de brigas judiciais, tais como separação judicial, inventário, falência, execução de títulos extrajudiciais, execução de títulos judiciais, dívidas de Imposto Predial e Territorial Urbano (IPTU), dívidas fiscais federais e ações trabalhistas.

Quando se participa de um leilão judicial, esse ato assume as denominações de *hasta pública*, *pregão* ou *praça*. Todos os termos, inclusive *leilão*, significam a mesma coisa: um profissional regulamentado – chamado leiloeiro – divulga um bem a ser vendido pela melhor oferta para quem oferecer o maior valor, a partir de um mínimo permitido por lei, por meio da autorização judicial feita por um juiz.

Para realizar um leilão judicial, é necessário ter um edital publicado em jornal de grande circulação. Por exemplo, muitos editais são publicados no Diário Oficial (D.O.) – jornal da Justiça cuja circulação está restrita a poucas pessoas, já que não é vendido em bancas de jornal. Em muitos casos, o edital só é publicado pela internet.

Desse modo, o primeiro passo para saber onde encontrar leilões judiciais de imóveis é por meio dos editais de leilão.

1.2.1.1 Onde encontrar editais de leilão[1], quais os cuidados a tomar e como falar com o leiloeiro

O entendimento de toda publicação de editais de leilão nos jornais faz parte do princípio da maior publicidade e idoneidade do ato de leiloar. Por isso, quem quer participar de leilões deve ficar atento às diversas publicações de jornais, desde as de maior circulação até aquelas de menor, uma vez que isso dependerá do local em que o jornal é distribuído. Um jornal de Petrópolis, por exemplo, tem grande circulação local; no entanto, se comparado aos jornais cariocas, sua circulação é pífia.

Um leiloeiro esperto pode anunciar um bem do Rio de Janeiro em um jornal de grande circulação de Petrópolis, ou ainda colocar um anúncio de um apartamento muito caro em um jornal de público não compatível com compradores desse tipo de imóvel, como em jornais distribuídos gratuitamente em sinais de trânsito.

Há também o princípio de que o edital deverá ser necessariamente fixado no átrio do Fórum de Justiça, que nada mais é que o próprio hall de entrada do estabelecimento em que está sediado o Poder

---

1 Voltaremos a mencionar os editais posteriormente, no Capítulo 3, *Procedimentos a seguir antes e depois da compra*.

Judiciário, no qual funcionam os tribunais. O edital fixado em alguma parede desse local é peça fundamental para validar um leilão, pois se trata de um princípio de publicidade com efeito público judicial. Caso um edital não esteja fixado no átrio do fórum, o leilão correspondente provavelmente será passível de sustação, ou seja, ele deverá ser refeito em outro dia e hora marcada, uma vez que o interessado em adquirir algo em leilão se sinta prejudicado e solicite ao funcionário do cartório que se certifique da ausência de tal procedimento legal.

Ao encontrar o edital do leilão, você deve lê-lo com bastante atenção e avaliar se os principais requisitos para sua validade estão preenchidos, como dia, hora e local em que o leilão será realizado. Também é preciso estar atento ao preço mínimo do bem, além de verificar se haverá correção do preço entre a data em que o bem foi avaliado e a data do leilão. No edital, também deve constar a descrição do bem, como a matrícula do imóvel e suas principais dívidas – IPTU, por exemplo, que é uma dívida oriunda do imóvel e deverá ser abatida do preço pago, a menos que o leiloeiro afirme que o IPTU será assumido pelo arrematante (comprador).

E, então, para participar de um leilão, tanto judicial quanto extrajudicial, é necessário estar munido de um edital, que pode ser encontrado em jornais vendidos em bancas de jornal quanto naqueles distribuídos gratuitamente, ou, ainda, disponíveis no Diário Oficial (da União ou de outras competências[2]).

Em geral, o edital também está disponível nos sites de leiloeiros. Em alguns casos, porém, por descuido ou por outro motivo qualquer, você pode encontrar um edital publicado em jornal e não encontrá-lo no site do leiloeiro.

O que deve conter o edital:

---

[2] A palavra *competência*, no sentido jurídico, refere-se à esfera em que é cuidada a ação. Desse modo, se o imóvel é oriundo de uma dívida trabalhista, a competência é trabalhista; se é oriundo de uma dívida por falta de pagamento de condomínio, é competência estadual; se é uma dívida de tributos, a competência é federal.

- dia, hora, local e nome do leiloeiro;
- qualificação das partes;
- descrição do bem;
- forma de pagamento;
- preço; e
- se for o caso, as dívidas de IPTU e condomínio.

Depois de ler o edital, o ideal é entrar em contato com o leiloeiro, além de também ir ao órgão público em que o leilão irá ocorrer. Caso seja um leilão oriundo da justiça, como de uma vara cível, procure ter acesso ao processo – o que é bastante comum, já que o processo é público. Esse processo é chamado de **autos**, que nada mais é do que a junção de petições e decisões da briga judicial entre as partes e as decisões do Judiciário. Cabe lembrar aqui que isso vale apenas para os leilões judiciais, pois as modalidades de leilões privativo e extrajudicial, como já vimos, não dependem de uma resolução da Justiça, salvo se houver uma tentativa de nulidade com algum recurso antes ou depois do leilão.

Certa vez, por exemplo, fui convidado por um banco para realizar o leilão de um imóvel. Tratava-se de alienação fiduciária, que é aquela em que determinada pessoa pede um empréstimo para um banco e dá como garantia seu próprio imóvel. Ocorreu que, por má-fé do devedor, ele propôs uma ação para suspender o leilão, alegando divergência de valores na cobrança. Nesse caso, o leilão foi sustado por mera precipitação do magistrado.

De qualquer forma, quando ocorre a propositura de uma petição para impedir o leilão, essa petição não chega a prejudicar o leilão, uma vez que, em geral, só tem efeito até o momento do leilão e, após a venda, o pedido de sustação do leilão ficaria sem efeito, não havendo impeditivo para desfazer a compra, sendo, daí, então, um problema de valores arrecadados entre o alienante e o alienado.

Pelo fato de o processo ser público – com exceção de brigas de inventário e separações –, qualquer um pode pleitear o direito de ler os autos e entender melhor a origem e em que situação se encontra a briga judicial.

Muitas vezes, a dívida é paga momentos antes de o leilão ocorrer, fazendo com que seja sustado. Outras vezes, pode ocorrer de o leilão ser desfeito logo após sua conclusão, porém tratarei desse assunto posteriormente.

Ao se interessar por algum bem de um leilão, ligue para o leiloeiro e peça para falar com ele pessoalmente, sugerindo que o receba em um local combinado. Como não é obrigação do leiloeiro receber os interessados no leilão, todo o processo de procura por maiores informações deverá ser feito com muito cuidado e sensibilidade.

Arthur Schopenhauer, um pensador prussiano nascido em 1788, em seus inúmeros estudos filosóficos, escreveu que era sensato ser polido, pois criar antipatia e inimizade seria algo totalmente estúpido. Ao contrário, sendo polido, até o mais idiota dos seres humanos acabaria cedendo a você, deixaria de ser rabugento e se tornaria mais doce e servil. Por isso, em um primeiro momento, caso o leiloeiro não lhe dê atenção ou não responda as suas chamadas, em hipótese alguma fraqueje perdendo a compostura. Tente entender o lado do profissional e, se possível, faça amizade com sua secretária.

Li um livro tocante chamado *Claro como o dia*, de Eugene O'Kelly[3]. O autor escreveu o livro a toque de caixa, quando seu médico lhe deu o diagnóstico de câncer no cérebro, em que ele teria cem dias de vida a partir daquele momento. Imagine ser o CEO de uma das maiores empresas de consultoria do mundo e, em uma tarde cheia de reunião, ter uma notícia dessas! O que Eugene fez foi mudar sua maneira de encarar a vida e transformar seus últimos dias nos melhores que já tinha vivido. Em um de seus relatos, o autor conta que, certa vez, precisava se encontrar com um poderoso cliente, mas não conseguia contatá-lo. Então, por meio de inúmeros telefonemas para a secretária do executivo, acabou ficando amigo dela e, assim, obteve a informação de que o provável cliente viajaria para o exterior. Com essa dica, comprou

---

3 O'KELLY, Eugene. *Claro como o dia*. São Paulo: Editora Nova Fronteira, 2006.

uma passagem para o mesmo dia, e no assento ao lado do dele. Ao voltar de viagem, Eugene conquistou o cliente, e não só por ter um ótimo serviço para lhe oferecer, mas também por ter sido um sujeito persistente e agradável com a secretária.

Eugene poderia ter pensado: "Ah, se ele não quer meus serviços, dane-se! Não vou falar com a secretária, sou o CEO da empresa...". No entanto, além de não cogitar fazer isso em momento algum, ele usou de simpatia e humildade, obtendo resultado positivo em seu objetivo.

Outro dia, um cliente me pediu para realizar o leilão de uma mesa de jantar antiga, que ele possuía por crédito oriundo de uma dívida com uma terceira pessoa. Eu não queria fazer isso, uma vez que seria um leilão que não me faria ganhar centavo algum, além de me fazer perder tempo e ainda gastar energia da minha equipe. Por coleguismo, acabei cedendo à vontade dele, afinal, ele poderia trazer, no futuro, algum negócio de real valor. Dessa forma, cuidei de marcar o leilão. Por ter tido na época uma semana muito difícil, não conseguia arranjar um tempo para responder às chamadas daquele cliente. Já no fim da semana, acabando o dia, consegui finalmente atendê-lo e, embora eu tenha sido muito gentil com ele, o sujeito reclamou que me ligou 30 vezes e que eu nunca podia atendê-lo.

Lógico que, na hora, não comentei nada sobre seu comportamento ao telefone e continuei a tratá-lo muito bem. Dias depois, realizei o leilão, pois já havia dado minha palavra. No entanto, nunca mais quis atendê-lo, mesmo com boas perspectivas de negócio, devido ao seu temperamento.

Algo semelhante pode acontecer quando você não conseguir falar com o leiloeiro. Muitas vezes, o profissional tem motivos concretos para não atendê-lo, mas, se você for educado e paciente, ele acabará lhe dando atenção ou, então, sua secretária poderá dar dicas importantes de onde encontrá-lo em locais nos quais vocês poderão conversar de modo mais informal – no bar onde ele toma um cafezinho, come um lanche, onde almoça –, ou, ainda, sobre o melhor momento de abordá-lo no escritório mesmo. Não esqueça que o interesse é seu, o do leiloeiro está sendo efetivado a cada momento, ainda que não compartilhado com o seu.

Falando com o leiloeiro, munido de seu edital, solicite sem rodeios uma visita, um agendamento, e não se esqueça de agradecer o tempo que ele gastou com você. Nesse contato telefônico, tente mostrar seu interesse em comprar um determinado imóvel, não fale de outros imóveis nem faça propostas de facilidades em troca de algum favor. Apenas seja claro e objetivo:

– Bom dia, doutor, sou fulano, gostaria de encontrá-lo por alguns minutos apenas, pois tenho interesse em comprar o imóvel tal. Sei que é muito atarefado e é um homem muito requisitado, por isso, serei breve: estou disponível na hora e no dia que desejar. Tenho certeza de que gostará de me conhecer.

Com essa abordagem, será difícil o leiloeiro não receber você ou, pelo menos, não encaminhá-lo a algum assistente, que seria um primeiro passo para conhecê-lo mais tarde.

Estar em contato com o leiloeiro também é de interesse dele, claro, já que, da mesma forma que você precisa comprar, o leiloeiro está ali para vender – e ele quer vender. O que seria da profissão do leiloeiro se não existisse o comprador? Isso quase pode ser chamado de *master mind* – um conceito fabuloso criado por Napoleon Hill. Segundo esse conceito, várias pessoas possuem interesse em um propósito definido, como no caso de você querer comprar um imóvel

---

DICA
Tente falar com o leiloeiro. Se isso não for possível, contente-se com seu assistente.

LEMBRE-SE
Ao falar com o leiloeiro ou com seu assistente – pessoalmente ou por telefone –, seja educado e fale objetivamente sobre o assunto. A primeira impressão é a que fica. Jamais teremos uma segunda chance de causar uma boa primeira impressão.

> **DICA**
> Ao ligar para o leiloeiro ou para seu assistente, se ouvir que eles irão retornar a ligação, espere também pelo coelhinho da Páscoa, pois essa ligação não vai acontecer. Em situações assim, marque uma data, mesmo que seja muito para a frente, e consiga dele o compromisso de recebê-lo. Dessa forma, ele provavelmente vai atendê-lo, já que houve um comprometimento para uma segunda chance.

e do leiloeiro querer vender um imóvel, sem falar no interesse do cliente do leiloeiro que o contratou para esse fim.

1.2.1.2 Como se comportar no leilão presencial e os cuidados no ato e depois da compra

O leiloeiro sempre começa o leilão no horário marcado. Repare bem que muitos editais de leilões informam *a partir de 14 horas*, por exemplo, e não *às 14 horas*. Isso acontece porque imprevistos podem ocorrer, como o advogado de uma das partes, quando se tratar de leilão judicial, conseguir reter os autos (processo) para tentar suspender o leilão.

Quando falamos em *reter os autos*, referimo-nos ao fato de o advogado apanhar os autos e esperar que o juiz da causa o atenda. Para isso, ele pode estar munido de uma petição que traga fatos novos ao processo. Por exemplo, em determinado leilão que envolva um menor no processo, e não haja notícia desse fato, o advogado pode querer incluir essa informação. Tendo ocorrido isso, o juiz pode manter o leilão ou resguardar algum direito ao menor, como vender o bem com um percentual maior do que o de praxe.

Antes de começar o leilão, o leiloeiro acaba cumprimentando os interessados, que também podem pedir esclarecimentos sobre o leilão.

O leilão é sempre público, de modo que qualquer pessoa pode participar. Para dar um lance, um cadastro prévio pode ser necessário – o que não é ilegal, ao contrário, é a forma ideal de dar segurança aos participantes do leilão, conferindo-lhe transparência e idoneidade.

Em algumas ocasiões, são distribuídas plaquetas com um número, cujo cadastro fica em poder do leiloeiro. Dessa forma, quando o lançador levanta a plaqueta, o leiloeiro já sabe de quem se trata.

É ingênuo pensar que, ao chamar um amigo que está na outra extremidade do salão, solicitar um garçom ou se espreguiçar, o leiloeiro pode entender que se trata de um lance. Em geral, o leiloeiro sabe quem está lançando, pois acompanha atentamente os movimentos de cada um de cima do púlpito. Na dúvida, é normal que o leiloeiro pergunte se é um lance, de forma que o participante pode responder a um chamado de um conhecido ou lhe acenar sem problema algum.

Quando um leilão judicial começa, dependendo da modalidade, existem duas datas – que nada mais são do que uma previsão legal de todo leilão para dar oportunidade à parte prejudicada (que está para perder o imóvel) de pagar sua dívida. Por isso, quando os leilões judiciais são requeridos, serão marcadas duas datas: na primeira, o bem a ser leiloado terá seu valor referente à avaliação feita por um avaliador judicial; na segunda data, o valor fixado será inferior ao da avaliação, que, em geral, corresponde a uma diminuição de 50% sobre o valor do imóvel, salvo algumas ressalvas em decorrência de acontecimentos ocorridos no próprio processo. Assim, em duas datas, o devedor tem duas chances: uma para o pagamento de seus débitos ou, na segunda, para negociar o pagamento.

Esse dispositivo de lei tem suas exceções, como, por exemplo, uma ação judicial de *extinção de condomínio*. Na ação de extinção de condomínio, o leilão é feito oferecendo o primeiro lance sobre a avaliação de um avaliador judicial – que é funcionário público – e o segundo abaixo da avaliação, tudo no mesmo dia, com diferença de minutos. Pode acontecer de um juiz determinar um porcentual menor do que 50% no segundo lance, ou até mesmo que seja mantido o preço do primeiro lance quando há menor envolvido no caso.

Certa vez, ao fazer um leilão de um enorme terreno por dívida de IPTU, o segundo leilão deveria oferecer o bem pela metade do preço. Porém, como havia um recurso em nome de um herdeiro menor de idade representado por sua mãe, alegando que o menino precisava de tratamentos médicos especiais, o juiz entendeu que o bem seria leiloado por 70% de seu valor avaliado, quantia suficiente para quitar toda a dívida e ainda sobrar uma quantia necessária ao menor.

Quanto ao preço avaliado, ele é inquestionável por parte do comprador. Se houver algum questionamento, só poderá ser feito pelas partes pertencentes ao processo judicial, antes de o leilão ocorrer, no prazo previsto por lei.

No primeiro leilão, o interessado já deverá ter feito a pesquisa de mercado, examinado os autos[4], ido ao local e pesquisado o preço e o mercado do bem, além de descobrir se o imóvel está ocupado e por quem. Isso é importante para saber se a pessoa que está no imóvel sairá após a venda, se haverá briga para contestar o leilão, se ela pretende esperar ser despejada judicialmente, se existem dívidas a serem cobradas além do valor pago etc. O comprador também deverá ter em mente os gastos pós-leilão, tendo ciência dos acréscimos no custo do leilão, como tributos, comissão ao leiloeiro e, provavelmente, a contratação de um advogado.

Toda pesquisa deverá ser feita inúmeras vezes para ter certeza de que se poderá arcar com tudo depois. É improvável que, na primeira vez, você tenha êxito, por isso deverá primeiro criar o hábito de pesquisar minuciosamente cada passo essencial para a compra imobiliária.

Passos necessários até aqui para saber o que está sendo feito:

- ler atentamente o edital;
- falar com o leiloeiro sobre possíveis dívidas;
- ir pessoalmente ao local do imóvel, não delegar essa função a outra pessoa de forma alguma – não se esqueça de que essa pessoa pode gostar da ideia de leilão e se tornar sua rival;

---

4 Os autos são a materialização do processo, o que você folheia.

- pesquisar atentamente o preço de mercado do imóvel que deseja comprar;
- ter em mente se a compra é para revenda imediata ou para aluguel;
- somar os custos de toda a compra, a partir do valor total da aquisição;
- observar se o imóvel está ou não ocupado; e
- examinar os autos pessoalmente, caso tenha conhecimento sobre o assunto, ou, então, solicitar a ajuda de um advogado, e, se possível, pegar mais uma opinião, pois arrematação é parte específica do Direito, e muitos profissionais que não entendem do assunto podem ficar constrangidos de demonstrar para o cliente seu desconhecimento.

Ao ir ao leilão, chegue cedo. Se possível, uma hora antes, não dez minutos, meia hora ou quarenta minutos. Uma hora é tempo suficiente para descobrir se de fato o leilão ocorrerá. Se o leilão ocorrer perto do local onde se encontram os autos para a praça, passe no cartório e certifique-se de que o leilão acontecerá. Caso haja algum problema, você saberá de antemão, inclusive antes do próprio leiloeiro, o motivo da sustação do leilão. E pode ser até simpático de sua parte informar a má notícia ao leiloeiro. Com certeza, esse profissional ou sua funcionária terão a certeza de que você não os incomodou à toa e se lembrarão de você em uma próxima vez.

Se der tudo certo, isto é, se for mantido o leilão, fique próximo ao local em que ele ocorrerá, observando o movimento. Muitas coisas faladas por interessados – até mesmo por uma das partes que irá perder o imóvel – podem ser úteis a você. É muito provável que a parte perdedora esteja no local, e, nesse momento delicado, você pode obter informações úteis sobre o estado do imóvel. Pode também obter um acordo prévio, caso compre o imóvel, para que ela saia da propriedade da maneira menos pesada possível.

Ao chegar o momento do leilão, você já conhece todos os custos e, nesse momento, o que vale é a sorte – nada muito além da sorte, pois você terá seu número em mãos.

Falo de sorte, pois tudo na vida acaba nessa questão. Assim, você poderá ter sorte se um grande comprador não comparecer, se outro provável comprador tiver um contratempo ao se dirigir para o leilão, ou, ainda, se outro interessado não achar o edital encontrado por você.

Sorte é algo incrível; e eu acredito nela assim como acredito que dois mais dois são quatro. Por exemplo, um jogador de futebol treina muito, acorda cedo, faz os exercícios que seu técnico ordena, faz dezenas de gols em seu treinamento, mas é o reserva do time. Ocorre que, até o dia da decisão final do campeonato, ele não teve oportunidade alguma de entrar em campo, e ninguém percebe quanto ele é bom, exceto seus colegas e o técnico. No entanto, ao entrar em campo, no final da decisão, o titular de sua camisa, um jogador excepcional, artilheiro do time, torce o pé ao primeiro toque na bola. Eu chamo isso de *sorte do reserva* e de maldito azar do artilheiro.

O sortudo reserva do jogador de futebol entrará em campo e mostrará todo o seu talento, desenvolvido por muito tempo antes desse dia. Dessa forma, ele poderá ter a chance de driblar vários adversários e ainda fazer não um, mas três ou quatro gols! Esse sortudo jogador de futebol, a partir desse dia, terá seu destino mudado pela sorte; poderá ter afinal um lugar de titular no time, ou receber convites de outros times, além de ter seu nome estampado em vários jornais que, até então, o desconheciam.

Bem, sendo bastante honesto, se você está no leilão, então está no lugar certo na hora certa. Como o jogador de futebol, você está preparado, pois fez toda a pesquisa para adquirir o imóvel que deseja. Nessa hora, ser talentoso, atento e educado não serve para nada; antes disso foi útil, claro, para sua pesquisa. Agora o que vale é a sorte. Há quem diga: "Ele não merecia isso ou aquilo, aquele indivíduo não merecia tanta sorte". Tudo isso é verdade, a sorte não está nem aí para quem a merece.

PARA PENSAR
Sorte é estar no lugar certo na hora certa.

O fato de você estar no lugar certo, o momento da arrematação (ato de comprar em leilão), é a *sua* sorte.

O melhor é não ser o primeiro da fila dos presentes, nem ser o último. O ideal é estar no meio e no canto para poder ver quem está a sua frente, ver o leiloeiro e, se algum interessado lançar atrás de você, basta entortar um pouco seu pescoço.

Não perca tempo fazendo perguntas que já deveriam ter sido feitas antes, pois isso poderá aumentar o interesse de outros compradores. Tenha foco no leiloeiro, dando lances sistemáticos de valores exatos, como de mil em mil, de 2 mil em 2 mil ou até valores maiores, mas nunca pare o lance em valores exatos. Termine na quebra, com R$ 224 mil, nunca com R$ 220 mil ou R$ 230 mil. Parece besteira, mas essa quebradinha tem um grande valor emocional para quem está disputando com você, pois as pessoas costumam gostar de valores exatos.

Certa vez, uma empresa de plano de saúde fez uma pesquisa para descobrir qual tipo de plano atrairia mais convênios. Para isso, ela pesquisou o seguinte: se as pessoas preferiam um seguro específico de um problema em um membro, como braço ou perna, ou um seguro geral, para problema em qualquer órgão. Por incrível que pareça, grande parte das pessoas escolheu o seguro de membros específicos.

Por que essa escolha? Porque simplesmente isso parece fazer parte da natureza humana. Por esse motivo, seu oponente se sentirá inconscientemente inseguro quando você der mais um lance. Em outras palavras, não arredonde para números exatos; foque apenas o seu limite.

Caso você pense em comprar o imóvel por R$ 80 mil, pense em lançar R$ 81 mil.

Sorte não é *planejar* algo que vai dar certo. Você não planeja que um provável comprador que queira muito o que você quer não vá ao leilão, mas você terá *sorte* caso ele não vá – para azar dele.

Antes do leilão, o importante é lembrar-se da máxima "em boca fechada não entra mosca". Meu pai dizia que temos dois ouvidos e uma boca exatamente para ouvir mais do que falar, então, não fale para ninguém sobre suas intenções, não elogie nem deprecie o imóvel. A depreciação mostra desdém, e o elogio pode gerar interesse de outros ouvintes sonsos que estão por perto e fingem ler um jornal ou falar ao celular.

Ao participar do primeiro leilão, analise com bastante antecedência o risco de esperar para comprar mais barato em uma segunda data. Outra máxima importante é: "Quem tem olho grande não entra na China". É a mais pura verdade.

Uma maneira segura de minimizar os riscos é a parceria com amigos, ou melhor, a chamada *aliança*. Dessa forma, duas ou mais pessoas podem comprar um imóvel, rateando a compra da propriedade em partes iguais ou fracionadas, como uma pagar 40% e a outra, 20%, e outras quatro pessoas, 10% cada uma.

Caso alguém do grupo não participe do leilão presencial, deve mandar uma procuração aos outros representantes, com firma reconhecida. Não é necessário, porém, avisar antes ao leiloeiro; se o fizer, é por mero preciosismo. Por lei, é direito de qualquer um ser representado. Além do mais, hoje em dia, a maioria dos leilões é filmada por câmeras ou até mesmo por pequenas filmadoras e iPads.

Essas filmagens servem para que, caso um lance não venha a ser cumprido, o responsável possa sofrer sanções cíveis pela desistência ou por alguma irregularidade na compra do imóvel.

Esse assunto está previsto em lei no Artigo 692 do Código de Processo Civil, além de também existir vasto entendimento dos tribunais.

FIQUE POR DENTRO

Um preço muito baixo, que chega a ser aviltante aos olhos do Tribunal e de quem perde o bem é chamado de **valor vil**. Esse valor é mensurado pelo valor da avaliação em relação à arrematação. Quanto ao valor real do bem, esse já teve o momento oportuno de ser questionado na avaliação do imóvel, em que o juiz permite que as partes falem sobre a avaliação, cabendo até uma longa discussão nesse momento.

1.2.1.3 *Local do leilão presencial*

O leilão presencial judicial pode ser feito no Tribunal de Justiça ou em algum local selecionado pelo leiloeiro ou pelo juiz. Ele pode ser realizado tanto em dias de semana como aos sábados, o que não é usual, mas ocorre. Por exemplo, quando se trata de um leilão unificado – que nada mais é do que vários leilões realizados em um mesmo dia –, é preciso constar no edital o local, o dia e a hora para que o leilão se realize.

No leilão presencial judicial, o leiloeiro é quem escolhe o horário e o dia, comumente em horário comercial, em que o leilão ocorrerá; já o leilão presencial extrajudicial, por ser contratado por uma construtora, banco ou financeira, não é realizado em Tribunais de Justiça, mas em locais privados. Dessa forma, o leiloeiro pode realizá-lo em horários não convencionais.

Em geral, ao participar de um leilão, pode-se pedir que o interessado preencha uma ficha. Caso o interessado não queira preenchê-la, ele não deverá participar dos lances.

1.2.2 Leilão on-line

Diferente do leilão presencial, que para alguns ficou um pouco *démodé*, pois restringe o número de compradores, o on-line é

> **LEMBRE-SE**
> Não é permitido a uma pessoa menor de idade dar lances em leilões.
>
> Para um interessado representar um eventual comprador, é necessária uma procuração para apresentar ao leiloeiro após a compra do bem.

muito mais abrangente. Isso é bom para quem frequenta o leilão, que não fica tão cheio, e melhor ainda para quem gostaria de estar no local e não pode comparecer, mas está conectado via internet onde quer que esteja.

A presença, claro, não é o mais importante, mas, sim, o cadastro a ser feito previamente. Aos interessados, quanto antes fizerem o cadastro, melhor, já que ele não é automático. Não são todos os estados brasileiros em que o leilão judicial pode ser realizado de forma on-line, ou até simultaneamente com o presencial, em se tratando de leilão on-line judicial. Após o cadastro, o interessado recebe seus dados para poder licitar; no fim do leilão, o pagamento é feito conforme as próprias regras do edital, que hoje em dia inclui o pagamento imediato da comissão do leiloeiro bem como o pagamento do preço arrematado, em que 30% do valor é pago no ato e os 70% restantes são pagos em 15 dias, sempre mediante a caução idônea. Quando esse pagamento não é integral, ocorre da mesma forma que no leilão presencial. A dúvida mais comum é entender o que é caução idônea.

Caução idônea é a garantia de que o dinheiro será depositado em juízo. Assim, um cheque fica em poder do leiloeiro para depósito depois de 15 dias, e, por um acordo entre as partes, ele pode efetuar o depósito do cheque ou o comprador realiza o depósito, podendo, nesse caso, posteriormente, resgatar o cheque deixado como caução.

Nos leilões presenciais, além de sempre haver testemunhas e de geralmente ser tudo filmado, o arrematante, caso não honre seu lance, poderá ser processado criminal e civilmente. Já no leilão on-line, como não há testemunhas ou filmagem, o leiloeiro poderá da mesma forma processar o arrematante, pois, ao participar do leilão on-line e ter seu cadastro aceito, o interessado deve assinar um contrato de adesão. Além disso, hoje em dia, existem mecanismos tecnológicos para descobrir a origem do lance, como a pesquisa do IP do computador.

DICAS

- Quando for comprar em leilão, certifique-se de que a execução é definitiva. Caso contrário, quem estiver perdendo o imóvel pode ainda procrastinar a regularização de sua compra.
- Verifique, em várias esferas – trabalhista, federal, municipal e cível –, se o imóvel já foi arrematado.
- Se o imóvel é bem de família, só pode ser vendido por falta de pagamento de condomínio, IPTU e fiança (isso significa que o imóvel é de um fiador).
- Verifique se a penhora está registrada.

CAPÍTULO 2
INDO PARA A AÇÃO

Onde você coloca sua prioridade?
Eu quero muita aventura no leilão ou quero investir
calculando cada passo!
Eu já sei o que vou comprar!
Já conversei com um especialista!
O especialista é especialista mesmo! É bom ele me mostrar
as pastas dos processos em que atuou, certo?

No momento em que já tem o propósito de adquirir um imóvel em leilão, o investidor deverá saber qual é seu perfil de investimento. Como já vimos, há quatro tipos clássicos de arrematação:

- leilão judicial;
- leilão extrajudicial;
- leilão privado (leilão de créditos); e
- leilão público.

Para cada uma dessas modalidades há um tipo correspondente de comprador com perfil distinto e bem definido. Também é possível encontrar um perfil que aprecie todas as modalidades de arrematação. Deve-se a isso muita ousadia, podendo ter um retorno incrível, além de muitas vantagens.

Conheço alguns amigos de compradores de imóveis em leilão que ficam sempre esperando um momento para começar a comprar em leilão. Esse momento, porém, nunca chega, pois eles não tiram o dinheiro da aplicação, tampouco buscam recursos para o investimento. Essas pessoas nunca terão sucesso, afinal, mais do que coragem, falta-lhes entusiasmo.

No início, realmente é difícil comprar em leilão, entretanto, se você observar um professor universitário, perceberá que, antes de estar ali, ele cursou a faculdade, depois o mestrado, prestou algum tipo de concurso ou foi aprovado em uma entrevista. Após todo esse processo, ele pôde, enfim, começar a lecionar. Ainda assim, se ele não se atualizar e se esforçar continuamente, poderá perder o tão sagrado emprego.

Com leilões ocorre o mesmo. O futuro investidor deverá procurar, religiosamente, editais em jornais; depois os leiloeiros, para, então, inteirar-se do leilão. A jornada não é nada fácil, mas é enriquecedora no aspecto financeiro e espiritual.

Tenho observado que algumas pessoas vão a um leilão meu, vão a um segundo e depois somem. Por que isso acontece? A resposta está na ponta da língua: falta-lhes entusiasmo! Mas o entusiasmo não é algo que nasce com a pessoa; ao contrário do que se pensa, ele é *criado* por nós. Desse modo, devemos criar o hábito de ter entusiasmo. É como ter aulas de inglês: à medida que vamos aprendendo o idioma, temos mais necessidade de conhecer palavras novas, e, quando nos damos conta, já estamos falando muito bem o idioma.

2.1 MAIS INFORMAÇÕES SOBRE AS MODALIDADES DE LEILÃO

2.1.1 Leilão judicial

O leilão judicial é, sem dúvida alguma, a melhor modalidade entre todos os leilões. Ele representa o maior negócio no ramo imobiliário para se ganhar dinheiro, pois as margens são bastante altas, sendo aceitos valores em torno de 50% sobre o valor da avaliação.

Pagar 50% do preço da avaliação do imóvel é a margem de lucro, mas devem ser acrescentadas aí as taxas de comissão de 5% no ato, mais tarde serão acrescidos os possíveis honorários de advogado contratado para desembaraço do imóvel (ato de deixar o imóvel pronto para nova venda) e, naturalmente, os impostos federais e municipais e laudêmio, quando necessário.

Em resumo, temos:

- comissão do leiloeiro de 5%;
- Imposto sobre Transmissão de Bens Imóveis (ITBI) – ou *Imposto* sobre a *Transmissão Inter Vivos* (ITVI) – de 2%, podendo variar de município para município, segundo o estado brasileiro;
- custos com registro no Cartório de Imóveis;
- percentual para advogado ou honorários definidos; e
- dependendo do caso, custos com dívidas não abatidas do valor arrecadado pela venda do imóvel em leilão.

Contratar um advogado nesse momento não é estrategicamente o ideal, pois ele pode ver seu desespero e aumentar os honorários. O ideal e mais usual é contratá-lo antes da compra do imóvel, até para que ele possa informá-lo sobre riscos. Mas esteja atento, porque existem muitos advogados no mercado que não têm experiência com leilões. Nesse sentido, darei um conselho por experiência adquirida nos últimos 33 anos de trabalho, além dos conselhos de meu pai e de meu avô, que eram leiloeiros.

Converse antes com o advogado, peça a ele que mostre casos concretos em que atuou, peça gentilmente que ele o acompanhe a uma reunião com o leiloeiro ou membro de sua equipe. Dessa forma, perceberá como ele se relaciona com o profissional que atenderá você, se de modo humilde ou arrogante. Um advogado arrogante pode colocar tudo a perder.

E onde entra o advogado no caso da arrematação? Existem dois tipos de serviços que o advogado pode fazer: um técnico e outro braçal. Quanto ao técnico, posso afirmar que, com o tempo, a maioria dos compradores profissionais corta esse serviço, pois é possível aprender com a prática e o estudo autodidata. Quanto ao serviço braçal, precisamos, além do conhecimento do advogado, de sua assinatura ao se dirigir ao magistrado, bem como de sua habilidade para acelerar o andamento do pós-leilão no cartório.

Um grande amigo do meu avô, comprador de leilão, chamado Eric Von Muller, judeu imigrante, começou sua vida no Brasil nos anos 1960. Ele era um grande comprador de imóveis, quando a moeda ainda era o cruzeiro. Como imigrante, ele se fez sozinho, não tinha muita cultura, mas sua vivência pelos fóruns e a necessidade de sustentar quatro filhos o tornaram muito esperto, de forma que, de tanto ir aos fóruns naqueles tempos, sem internet e sem muita informação disponível, acabou fazendo muita amizade.

Naquela época, como hoje em dia, os editais eram fixados no átrio do fórum, partindo do princípio da ampla publicidade – como já foi dito anteriormente. Então, o Sr. Eric ia até o local e verificava um por um os editais. Alguns espertos interessados em comprar imóveis arrancavam os anúncios, até por maldade, pois, se antes de o leilão começar, um advogado não encontrasse o edital no átrio do fórum, o leilão poderia ser sustado.

A malandragem do Sr. Eric era a amizade com o escrevente, os escrivães e os oficiais de justiça. Com esse contato intenso, eles sempre o informavam sobre os leilões que estavam acontecendo ou até quando tinha um leilão ocorrendo escondido, de forma que ele chegava de surpresa e já começava a lançar, acabando com a festa do leilão barato.

Por isso, não se deve ter preguiça de "bater perna" no interior dos fóruns. Lá, você conversará com serventuários, descobrirá advogados mais bem informados e criará vínculos com leiloeiros que estão sempre presentes nos fóruns. Esse trabalho aumenta sua chance de descobrir novos leilões e ajuda na concretização de suas arrematações.

O trabalho braçal é primordial, pois, uma vez que tenha saído a carta de arrematação, qualquer um pode dar prosseguimento ao processo. O advogado entra com sua assinatura para peticionar ao juiz, ou despachar com ele ou com o desembargador, quando existem recursos, e acompanhar a imissão na posse.

FIQUE ATENTO!

Quem pode ofertar em leilão:
- pessoas acima de 18 anos;
- advogado, representando seu cliente apenas com procuração *ad judicia*;
- procuradores só com firma reconhecida;
- quem tem capacidade de comprar o bem – o que significa ter disponibilidade financeira; e
- quem não frustrou nenhum leilão anteriormente por lances fictícios ou falta de pagamento, tanto do bem adquirido quanto dos honorários de leiloeiro.[5]

Quem não pode lançar:
- insolventes, falidos, interditos ou com impedimentos judiciais;
- tutores, síndicos, escreventes, juízes, leiloeiro ou qualquer outra pessoa do poder público envolvido no processo; e
- quem já participou de outros leilões e não pagou sinal ou multa, isto é, lançou e não cumpriu o leilão;

O que você pode fazer:
- ir ao tribunal, falar com serventuários;
- após a carta de arrematação, ir pessoalmente efetuar o registro;
- negociar a saída do ocupante do imóvel; e
- negociar dívidas que comportem a arrematação.

O que só o advogado pode fazer:
- peticionar para juiz e desembargador; e
- orientar de maneira técnica as possiblidades do leilão.

---

5 Pelo fato de o leiloeiro ter fé pública, ele poderá não aceitar o lance do lançador no ato do leilão.

2.1.1.1 Dilema da melhor oferta em leilão

Uma boa maneira de fazer um treinamento em casa, com os familiares, ou no escritório, com seus funcionários, é jogar um velho jogo muito usado por universidades americanas de negócios, chamado por mim de *dilema da melhor oferta em leilão*. Consistia no seguinte: dois voluntários ficavam ao lado um do outro em uma mesa, de olhos fechados, e pedia-se a cada um simuladamente para dar um lance. Uma terceira pessoa, agindo como se fosse um leiloeiro, motivava-os, perguntando quem poderia pagar mais: "Só mais um pouco, não deixe que o outro leve tudo. Não dê moleza". Os dois que estavam disputando de olhos fechados o *leilão* não imaginavam que estavam dando lances para a compra de apenas um lápis. Tudo bem, não era qualquer lápis, e, sim, um que seria adquirido em leilão. Isso, de certa forma, motivava os participantes e, mesmo sendo um lápis no valor de R$ 1, ele acabava valendo até R$ 25, graças a uma disputa irracional desencadeada pelo jogo.

Os alunos que estavam de fora, percebendo o que estava acontecendo, imploravam para fazer um novo teste. Só que, nesse momento, já havia um acerto entre eles de um preço determinado pelo lápis, sem que outros notassem a desonestidade.

Eles começavam o leilão com tudo armado entre os dois e, após o produto estar acima do que realmente valeria, um deles desistiria, e o lápis sairia por bem mais do que o valor real, porém os dois armadores poderiam dividir o lucro do provável arremate, dando esperança para realizar, no mundo real, novas alianças.

Entende-se que o aparente prejuízo de não ganhar tudo sozinho pode ser um grande lucro para os que têm coragem de fazer alianças, o que não é normal ocorrer, pois em um leilão de um bem muito disputado, o desejo primitivo do individualismo surge na mão do mais forte e mais rico, já que, ainda que ele perca dinheiro, ganha algo imensurável – o prazer da superioridade.

A disputa aumenta quando ocorre na presença de várias pessoas. Seria improvável um corretor conseguir o mesmo preço por um imóvel se a compra fosse condicionada a ser feita em segredo – ela sairia no mínimo 30% mais barata. A estatística não erra; o negócio não seria fechado. Por isso, os leiloeiros são tão procurados há centenas de anos, tornando-se, atrás da prostituição, a segunda profissão mais lembrada do mundo, mesmo que em forma de piada.

2.1.2 Leilão extrajudicial

Leilão extrajudicial é o tipo de leilão que não se equipara ao leilão convencional judicial, em que uma pessoa perde o bem em razão de uma dívida com outra pessoa. No leilão extrajudicial, embora a pessoa também perca o bem, ela não passa pelo crivo judicial, pois o imóvel perdido foi dado como garantia de pagamento de dívida não quitada. São duas as modalidades de leilão extrajudicial que nos interessam nesse primeiro momento – as previstas na Lei nº 4.591/64 e na Lei nº 9.514/97.

No leilão extrajudicial, a obrigatoriedade de publicidade e anúncios não é necessária; em contrapartida, é obrigatória a publicação de editais, muitas vezes a pedido do próprio contratante, no caso de bancos, financeiras e construtoras. Estes não obrigam o leiloeiro a fazer uma quantidade mínima de anúncios, motivo pelo qual às vezes um leiloeiro, para economizar, coloca poucos anúncios ou apenas anuncia em seu site. O leilão fica restrito, então, à publicação de editais em jornais de escolha do leiloeiro, esses, sim, obrigatórios para divulgação e conhecimento do público. No entanto, muitas vezes os editais são publicados em jornais de baixa tiragem, em que não há interesse por parte dos leitores por leilões.

> **DICA**
> Fique atento a todos os tipos de jornais, até os de regiões mais afastadas da capital ou de onde ocorre o leilão.

2.1.2.1 Leilão Extrajudicial, Lei Nº 9.514/97 – Alienação de Bem Imóvel

Esse tipo de venda em leilão é muito novo e incrível, é uma maneira inteligente de adquirir um imóvel, tanto para um arrematante como para um comprador que procura uma instituição financeira ou construtora para adquirir seu imóvel.

Essa lei foi uma verdadeira sacada que estimulou o financiamento imobiliário, tornando-se também um modo seguro e rápido de restituir o crédito a quem deu o imóvel em caso de inadimplência – antes, as construtoras e os agentes financeiros utilizavam a hipoteca, que era um meio bastante moroso de resolução do problema.

Ao ler um edital de leilão extrajudicial, saiba que o significado de FIDUCIANTE do leilão extrajudicial é o mesmo que DEVEDOR do leilão judicial, e que FIDUCIÁRIO no leilão extrajudicial é o mesmo que CREDOR do leilão judicial.

O devedor pode ser tanto uma pessoa física quanto uma empresa, sendo que é a pessoa jurídica que dá o imóvel como garantia em alienação fiduciária, transferindo a propriedade para o comprador. O comprador, por sua vez, dá o imóvel como garantia para pagar todas as prestações do empréstimo, no caso de financiamento.

Então, desde já, o fiduciante detém a posse do imóvel e total e exclusivamente o direito de recomprar o imóvel, enquanto o agente fiduciário tem a garantia, no caso de não receber o pagamento, de levar o bem a leilão para quitar as dívidas – é óbvio que se todas as parcelas forem pagas, não há por que se falar de leilão.

Caso o devedor fiduciante não pague as parcelas, será considerado em mora; assim o credor intimará o devedor por meio, necessariamente, do Cartório do Registro de Imóvel no local onde se encontra o imóvel.

Ao ser intimado, o devedor inadimplente terá mais uma chance de purgar a mora em 15 dias – quando se fala em *purgar a mora* significa pagar o débito.

Mais uma vez o devedor tem a chance de quitar sua dívida, pois, caso ele não seja encontrado, que nos termos jurídicos significa estando em local incerto e não sabido, será realizada nova intimação, agora por meio de edital em jornal de grande circulação por três dias.

Sendo a dívida imediatamente paga pelo devedor, o contrato volta a seguir os trâmites legais e segue como se nada tivesse ocorrido.

Porém, depois dessas tentativas, se não ocorrer o pagamento, diz o advogado especialista em recuperação de créditos Alexandre Gontijo, o processo se acelera, havendo recolhimento do Imposto de Transmissão *Inter Vivos* (ITBI – Transmissão de Bens Imóveis e de Direitos) e o registro da matrícula do imóvel da consolidação da propriedade em nome do credor fiduciário.

Gontijo ressalta que, ao comprar o imóvel em leilão, se o ocupante – sendo ele o devedor ou mesmo o locatário – não sair amistosamente, a única alternativa será a judicial, por meio da ação de reintegração de posse, sendo concedido o prazo de 60 dias para a desocupação do bem. Se o ocupante ainda assim não sair, ele receberá uma Intimação Judicial por Oficial de Justiça acompanhado de força policial, se necessário, e, caso haja bens móveis, estes poderão ser encaminhados ao depósito público ou ficar sob a guarda e responsabilidade do novo adquirente do imóvel.

Se o imóvel estiver alugado, a locação deverá ser denunciada por meio de correspondência enviada ao locatário através do Cartório de Títulos e Documentos, com prazo de 30 dias para sair do imóvel. Não se deve esquecer que a denúncia da locação deve ser em 90 dias contados da data em que houve a consolidação da propriedade, no Registro de Imóveis.

Uma vez vendido o imóvel, o valor que sobrar do pagamento da dívida será restituído ao devedor em cinco dias, por isso os leilões de alienação fiduciária costumam ser pagos à vista, pois, se o arrematante não pagar, sairá do bolso do fiduciário o montante a ser pago. Porém, se a venda for inferior ao débito, a dívida ficará extinta.

Gontijo, um advogado muito experiente no ramo jurídico de recuperação de créditos, sugere o seguinte:

> **ATENÇÃO**
> O que observar ao comprar pela Lei n° 9.514/97:
> - Se houve a intimação do devedor para purgar a mora.
> - Se houve o pagamento do imposto de transmissão dos bens pelo credor.
> - Se o leilão está sendo realizado dentro do prazo de 30 dias, contados da data do Registro da Consolidação da propriedade no Registro de Imóveis.
> - Se o devedor foi informado da data da realização do leilão.

2.1.2.2 Leilão Extrajudicial, Lei n° 4591/64 – Condomínios

Por essa lei, o leilão ocorre com características iguais às da lei de alienação fiduciária, tais como duas datas, comissão do leiloeiro, despesas de honorários, não havendo ainda despesas como condomínio e IPTU, em virtude de o prédio ainda estar em construção.

No final do leilão, além da comissão do leiloeiro, haverá o pagamento dos honorários advocatórios, despesas com notificação, anúncios e editais. Tais despesas são previstas na própria lei e sua comprovação pode ser pedida, o que não dá direito ao arrematante, em hipótese alguma, de contestá-las, estejam ou não discriminadas no edital, bastando apenas a citação de que quem arrematar o bem arcará com elas.

Por esse motivo, deve o arrematante perguntar ao leiloeiro exatamente a quantia que irá pagar ao final do leilão na arrematação.

Há ainda a possibilidade de, depois do arremate, perder o direito da arrematação, pois a construtora e os proprietários podem exercer o direito de preferência e também efetuar adjudicação, isto é, decidir judicialmente que o bem pertence a outro.

2.1.2.3 Observações sobre o edital dos leilões extrajudiciais

É preciso ficar atento aos seguintes pontos:

a) *Local do leilão.* É sempre determinado pelo edital, podendo ser tanto no escritório do leiloeiro como em algum saguão de hotel ou na portaria do imóvel a ser leiloado. Não existe uma regra que determine o local de leilão do bem, inclusive pode não ser em local algum, já que o bem pode ser vendido pela internet – ou até das duas formas.

Por exemplo, eu gosto de realizar os leilões em meu escritório, mas, muitas vezes, a pedido de meus clientes, realizo em algum saguão de hotel ou no auditório de um clube, como o Jockey Clube do Rio de Janeiro. Posso vender também em meu site, a pedido do meu cliente, ou pelo fato de o imóvel estar em outra cidade, de forma a tornar a divulgação do leilão mais ampla e clara.

b) *Dia do leilão.* Essa é uma informação que costuma deixar as pessoas confusas, pois muitas vezes, tanto no leilão presencial quanto no on-line, podem ser divulgadas duas datas. Os prazos entre uma data e outra são estratégias de venda e não imposições jurídicas, ficando a cargo do leiloeiro escolher o período entre uma e outra. Com essa mobilidade, sem um dia exato para ocorrer o leilão, o leiloeiro evita que ele caia em feriados ou até no mesmo dia e horário de leilões de outros leiloeiros.

c) *Valor do imóvel.* São dois os valores: um é o valor da avaliação do imóvel, que é feita na primeira data e tem os parâmetros acordados com o fiduciante (devedor) e o fiduciário (quem empresta dinheiro e quem recebe); o outro é o da dívida corrigida até aquela data. Muitas vezes, ocorre de, na segunda data, o valor mínimo do leilão ser superior ao valor da primeira data, fato incomum em leilão judicial em qualquer esfera.

d) *Imóvel a ser leiloado.* É bem importante prestar atenção em todos os detalhes, pois é possível encontrar vários imóveis no mesmo edital – uma deixa para o leitor desatento trocar o preço ou até o próprio imóvel que deseja comprar. Por exemplo, se forem dois apartamentos no mesmo endereço, no mesmo andar, apenas com alteração de número, como apartamento 201 e apartamento 211.

e) *Despesas que podem ser cobradas.* Ao fim do leilão, o arrematante deverá pagar, além da comissão do leiloeiro, as outras despesas. Em geral, essas despesas já estão previstas no edital ou estabelecidas no contrato entre as partes que ensejaram o leilão. Nesse caso, o interessado nada tem a ver com o assunto. As despesas a serem pagas são condomínios, IPTU e custos com o leilão. Normalmente, esses valores são demonstrados antes do leilão, e incluem os anúncios, editais, locais para realizar o leilão e assim por diante.

2.1.3 Leilão privado

O leilão privado ocorre quando uma empresa contrata um leiloeiro para a venda de seus bens. Nesses leilões, as empresas, que não são públicas, geralmente aceitam ofertas abaixo do preço de mercado, tornando a venda dos bens e o próprio leilão muito atraentes. A publicação do edital, nesse caso, não é obrigatória, mas, por preciosismo do leiloeiro, pode, sim, vir a ocorrer a título de divulgação ou até mesmo para agradar o cliente, pois o edital nada acrescenta à escritura pública de aquisição imobiliária – diferente do leilão judicial, em que a carta de arrematação é suficiente para que o comprador vá ao competente Registro Geral de Imóveis (RGI) e transfira a propriedade.

O *leilão de créditos* ocorre geralmente quando uma empresa contrata o serviço de um leiloeiro para se desfazer de um ou mais imóveis de seu patrimônio, cuja venda ela não quer que seja feita por corretores, que atuam de forma diferenciada dos leiloeiros.

De todo modo, porém, a forma de legalização no pós-venda é idêntica em ambos os casos.

Certa vez, uma multinacional me contratou para se desfazer de sua unidade no Rio de Janeiro, pois ela se estabeleceria só em São Paulo. Assim, marquei o dia do leilão e coloquei anúncios em jornais de grande circulação – não vi necessidade de publicar o edital.

No dia marcado para o leilão, um cliente, ao achar o imóvel caro, fez uma nova proposta, que foi aceita pelo diretor da empresa que estava ali presente.

No leilão privado, o procedimento do pós-leilão é diferente daquele do leilão judicial: no privado, utiliza-se o *notário* – também conhecido como tabelião – para fazer a escritura, enquanto no judicial há a *carta de arrematação*, registrada diretamente no Cartório de Registro Público.

Assim, o cliente que fez a proposta mais baixa no leilão da empresa e o diretor que aceitou o valor dirigiram-se ao notário aceito entre as partes, que poderia ser em Sergipe, Piauí ou Rio de Janeiro, para cumprir a exigência do recolhimento do ITBI. Após o trâmite, dirigiram-se ao Registro de Imóveis (RGI), para fazer a escritura de compra e venda.

No leilão privado, então, após o notário, que pode ser alguém de sua escolha, o adquirente deve se dirigir ao Registro Geral de Imóveis, também conhecido com Registrador, para o registro imobiliário de sua compra, devendo ser na área do imóvel e não em local de sua preferência – essa área é chamada também de *circunscrição*.

Feito isso, o imóvel já se torna propriedade de direito e de fato do novo adquirente. Caso não cumpra esse procedimento, nada impede que o vendedor faça a venda para outra pessoa, a qual, então, registre o imóvel primeiro, ficando o comprador inicial sem a propriedade. Ele pode até sofrer uma ação paralela de um litígio e esse imóvel vir a ser penhorado e, mais uma vez, o comprador, mesmo nas melhores das intenções, sofre as consequências de perder o imóvel em leilão, só que dessa vez judicial.

2.1.4 Leilão de créditos (instituição bancária ou similar)

Essa modalidade de leilão foi criada por Mauro Zukerman, o maior leiloeiro de imóveis do Brasil, que realiza leilões para o Banco Itaú com grandes vendas. O leilão de créditos tornou-se um novo modelo de negócios e hoje é uma forma muito eficaz de resolver o caixa de bancos, sendo uma opção de risco moderado para o investidor, com grandes possibilidades de lucro.

Tal modalidade nada mais é que a venda de direitos creditórios sobre a ação de execução de hipoteca que o banco tem sobre o devedor, em que o banco visa à adjudicação ao final da ação e à transferência da propriedade.

Caso não tenha êxito – por pagamento da dívida ou pelo fim da execução sem a entrega do imóvel –, o dinheiro é devolvido com as correções acordadas.

Riscos do leilão de créditos:

- o dinheiro ficar muito tempo parado e, no seu cálculo, o ganho financeiro ser menor do que o esperado; e
- a própria ação de quem você comprou o crédito ser quitada, seu lucro ser inexistente e você receber o que está acordado no contrato, criando uma frustração que, na verdade, pode ser suprida em um próximo leilão.

O grande lucro:

- o negócio se resolve exatamente como o esperado e você lucra até 200%, baseado em uma avaliação que pode estar defasada, além do fato de você ser a única pessoa do leilão, e comprar o imóvel por 50% dessa avaliação já defasada.

2.1.4.1 *Explicando os riscos e os lucros do leilão de créditos*

Posso afirmar que, quando ouço falar em leilão de créditos, fico maravilhado, acho algo bom para ambos os lados, tanto para quem vende como para quem compra. As margens de lucro são bastante interessantes. Por isso, se desejar entrar nesse negócio e algum advogado questionar, sugiro que peça uma segunda opinião ou que você mesmo vá ao leiloeiro e o escute.

Quando se fala em riscos, na verdade não chega a ser risco, pois não existe uma perda do capital aplicado, como ocorre quando você aplica em ações na bolsa de valores no mercado de opções. Uma vez que você participa do leilão e adquire a *cessão de créditos*, a ação judicial em que você comprou o direito sobre um determinado imóvel prosseguirá até a finalização do leilão.

Se ocorrer uma quitação, você receberá o que investiu, sempre verificando todos os pormenores, caso a caso, do contrato com a instituição financeira ou com quem você comprou – que pode ser uma pessoa física ou qualquer empresa privada.

DICA
Cuidado, acompanhe o processo. Tenha um advogado cobrando as ações; do outro advogado[6] não espere que o processo ande por si só. Procure se informar diariamente sobre o andamento processual.

ATENÇÃO:
Se o banco não adjudicar o imóvel, a diferença do dinheiro pago não é sua, é do banco. Preste atenção no que diz o contrato; dependendo do contrato, você fica com o imóvel ou tem seu dinheiro de volta.

---

6 Exatamente isso, um advogado acompanhando outro advogado, pois o banco não pode, por força de dispositivo legal, ceder totalmente os direitos da ação; cede somente os direitos creditórios. Por isso seu advogado acompanhará, na qualidade de assistente ou observador, os passos do advogado contratado do Bradesco, por exemplo, para que, depois, findo o leilão e o imóvel retornado ao banco, seja feita a transferência desse imóvel. Observe que foi adquirida a COMPRA DO IMÓVEL e não cedidos OS DIREITOS DA AÇÃO EM CURSO.

CAPÍTULO 3
PROCEDIMENTOS A SEGUIR ANTES E DEPOIS DA COMPRA

Eu tenho tempo de me dedicar se quiser comprar algo em leilões!
Estou disposto a abrir mão de meu tempo indo à Justiça e pesquisando na internet para saber mais sobre leilões!

3.1. ONDE ENCONTRAR OS LEILÕES

Essa é a principal pergunta feita por leigos que ouvem as histórias de amigos e vizinhos comentando que fizeram negócio comprando determinado imóvel em leilão. Esses interessados acabam procurando seus advogados, que podem não saber onde encontrar os leilões e ficam procurando na internet nomes de leiloeiro para dar uma satisfação ao seu cliente – o que na maioria das vezes não é eficaz.

Para encontrar algo pelo qual nunca nos interessamos, precisamos ter um propósito – no caso, querer ganhar dinheiro –, uma vez que, por cultura, ninguém procura ter mais trabalho.

Como já disse anteriormente, podemos encontrar leilões em diversos jornais de grande ou mesmo pequena circulação. Neste capítulo, vamos refrescar a memória. Um leilão pode ser facilmente encontrado em:

- qualquer jornal, tanto os de grande circulação como os de média e pequena circulação;

- Diários Oficiais, que nada mais são do que os jornais específicos da Justiça, os quais, em muitos estados brasileiros, já são veiculados apenas de modo virtual, via internet;
- pesquisa por nomes de leiloeiros nas juntas comerciais, nos sindicatos e nas associações de leiloeiros. Para mais informações, é possível solicitar a agenda de leilões dos leiloeiros pesquisados;
- fóruns, Tribunal Regional do Trabalho, bem como procurando editais afixados em átrios de fóruns ou nas portas de cada cartório; e
- sites da Justiça, como o do Tribunal Regional do Trabalho, em que você encontra uma seção só com esse fim.

3.2 PAGAMENTO DA GUIA DO LEILÃO

O pagamento do leilão pode ser feito de várias formas, as quais não são padronizadas, de acordo com os diferentes tipos de leilões, que têm disposições legais distintas. Veja a seguir:

a) *Estaduais*. O pagamento se dá em um percentual de 30% de sinal, sendo o restante pago em 15 dias – poderá haver diferenças se elas estiverem previstas no próprio edital.
Quando se trata de *caução idônea*, os 30% podem ser perdidos caso o saldo não seja pago em 15 dias após o leilão.

Pelo Código de Processo Civil (CPC), o pagamento pode ser feito como o descrito acima. No entanto, se o leiloeiro descrever de uma maneira no edital e, no auto do leilão, alterar para pagamento total à vista, na prática, vale a maneira descrita pelo leiloeiro. De outra forma, o arrematante poderá até recorrer, o que poderá interferir na agilidade do processo por causa de um depósito que seria feito de qualquer jeito. Por isso, aconselho a ler o edital antes de arrematar.

b) *Municipais.* O pagamento costuma ser à vista, inclusive com a quitação imediata da comissão do leiloeiro. No edital, porém, pode haver algumas variações na forma de pagamento. A diretriz básica é olhar o edital antes do leilão; caso não dê tempo, então conte com o pagamento imediato.
c) *Federais.* O pagamento é feito no ato. Da mesma forma que no item anterior, pode haver uma modificação no edital – e é o que vale.
d) *Trabalhistas.* O pagamento é feito à vista, podendo ser parte no ato com o pagamento do leiloeiro e o restante em três dias. De qualquer forma, ele segue o edital, pois o leiloeiro pode modificar o pagamento para "somente à vista" – valendo o edital sempre.
e) *On-line.* Quando judicial, espera-se pelo menos o pagamento no dia posterior, pois a guia tem de ser impressa ou solicitada no cartório.
f) *Privados.* Pode variar sempre, pois, como se trata de uma venda de certa forma direta, o pagamento pode ser facilitado de acordo com a vontade das partes envolvidas. Caso tenha um edital ou anúncios preestabelecidos pelas partes, eles deverão ser respeitados com valor de um contrato particular.
g) *Extrajudiciais.* O prazo é previsto no edital, sendo que a instituição tem prazo para prestar contas. Assim, então, dificilmente o prazo do edital pode ser quebrado e geralmente é à vista.
O pagamento é feito diretamente ao leiloeiro ou ao representante da instituição.

Alguns avisos que considero importantes:

- Não são aceitos pela Justiça financiamentos no leilão judicial, tampouco são aceitos pelas instituições de financiamento, por ainda haver credores e as certidões não estarem limpas.
- Em caso de arrematação, com depósito de 30% ou à vista, sempre deverão ser feitos o pagamento imediato da comissão do leiloeiro e o pagamento das despesas. Se o

comprador desistir, a comissão será perdida, pois é preciso pagar o *trabalho* do leiloeiro na realização do leilão, que não causou a desistência.
- É crime previsto por lei não honrar os pagamentos devidos. Nesse caso, o valor da multa é de 20% sobre o valor da arrematação, pagamento de comissão ao leiloeiro, denúncia ao Ministério Público Estadual ou Federal, dependendo da justiça em que se adquiriu o imóvel, conforme Artigo 335 do Código Penal Civil (CPC).
- Geralmente existem provas documentais e testemunhais do crime de ofertar valores (que é o mesmo que "lançar", "dar lances") e não pagar.
- Cada vez mais, os leilões são gravados e filmados. Quando on-line, além de ter um cadastro prévio, existe também a possibilidade de descobrir o responsável pelo lance pelo IP.
- É absolutamente aceito que o responsável pelo lance não pago seja proibido de participar de novos leilões, conforme Artigo 695 do CPC.

3.2.1 Sobre o não pagamento do bem arrematado

No decorrer de minha vida profissional como leiloeiro, deparei algumas vezes com alguns prováveis interessados (arrematantes) que, após a compra do imóvel e da saída de todos os demais concorrentes, se arrependeram da compra. Em um dos casos que ocorreram recentemente, o arrematante arrependido foi condenado a perder o sinal da compra do imóvel e a pagar a comissão do leiloeiro.

Cito aqui um caso em que Luiz Felipe, advogado da causa, pertencente ao tradicional escritório de advocacia Rocha Miranda, teve que recorrer para confirmar a condenação do arrematante. Este, por sua vez, insatisfeito com a condenação, alegou que não fizera o pagamento, após arrematado o bem, em função de ter descoberto um erro processual.

Em situações como essa, tanto pode ocorrer a ratificação da condenação como sua retificação, determinando, conforme o caso, que a multa e a comissão do leiloeiro sejam de menor valor.

3.3 RISCO E RECOMPENSA

O risco em leilões, conforme já foi dito, costuma ser muito pequeno, e a recompensa, em geral, muito grande. As maiores perdas sempre serão a emocional e a de tempo. Assim, você deve ter sempre uma estratégia em mente, e anotá-la[7] para ser utilizada no momento ou posteriormente, neutralizando ao máximo as perdas.

3.4 MELHOR OFERTA

Melhor oferta é a oportunidade jurídica de comprar o imóvel com um valor menor do que o avaliado. Ocorre que esse valor "avaliado" também é subjetivo. O critério de avaliação não é muito técnico, pois quem avalia o imóvel é um servidor público que ocupa o cargo de *avaliador*, sem especialização imobiliária alguma. Ele avalia por meio de pesquisa do mercado e talvez até por alguns palpites. Como se não bastasse, após a avaliação, a realização da venda em leilão pode ocorrer em um mês ou até em dois anos ou mais, ficando o preço novamente defasado em relação ao mercado – uma vez que, nesse tempo, por meio de recursos procrastinatórios, o tão esperado momento do leilão é adiado.

Muitas vezes o melhor negócio é comprar o bem na primeira data do leilão pelo valor da avaliação. Embora esse valor seja cheio (100%), ele pode estar defasado – tanto em relação à valorização do imóvel quanto em relação ao prazo decorrido entre a avaliação do imóvel e o dia do leilão. Sem contar que não há aí a correção da inflação do período.

---

7 Quando peço que as estratégias sejam anotadas é porque acredito que, ao escrevermos nossos pensamentos, desenvolvemos melhor nosso raciocínio.

3.4.1 Cuidado – desconfie, faça sua própria avaliação

A avaliação fornecida pelo Órgão Público, embora seja idônea, nem sempre é precisa. Por isso, sempre que possível, realize você mesmo uma pesquisa, visitando o local do imóvel, conversando com porteiros, vizinhos e corretores, para saber sobre as vendas anteriores e o valor dos aluguéis. Assim você terá uma base da real situação do imóvel.

Por exemplo, um fato que ocorre no leilão é a avaliação defasada, como já explicamos. Porém, não tem ocorrido, nos últimos 20 anos, nenhuma desvalorização significativa de imóveis; ao contrário, até nas áreas mais problemáticas há valorizações em razão das políticas governamentais de segurança e das benfeitorias realizadas visando ao bem-estar das comunidades carentes localizadas perto de grandes centros urbanos.

A atualização do imóvel no leilão judicial, via de regra, se dá pela correção monetária, sendo que alguns leiloeiros podem também utilizar a Unidade de Referência Fiscal (Ufir).

3.5 EDITAL: COMO ANALISAR

Já vimos anteriormente o que deve conter um edital (dia, hora, local e nome do leiloeiro; qualificação das partes; descrição do bem; forma de pagamento; preço; e, se for o caso, as dívidas de IPTU e condomínio). Com isso em mente, dê uma atenção especial – e, para isso, é bom sempre ter aquele marcador amarelo fluorescente em mãos – à data, ao local e ao número da matrícula do imóvel, pois pode acontecer de a avaliação ser referente a determinado bem e a penhora ser referente a outro, fazendo com que você, na hora da compra, não adquira o que deseja.

Claro que, ocorrendo isso e sendo devidamente comprovado, o leilão é anulado e a arrematação desfeita, com a devolução das quantias pagas. O dano, além da perda de tempo, envolve gastar um dinheiro que ficará retido por até alguns meses, com rendimento baixíssimo, impossibilitando você de ter seu capital aplicado em novas oportunidades.

3.6 VERIFIQUE SE HÁ OUTRAS AÇÕES JUDICIAIS

É muito comum, quando você for adquirir determinado imóvel, que ele tenha sido dado em garantia a outros credores. Assim, você pode verificar, por meio do jogo de certidões, a existência de alguma ação que contenha o mesmo imóvel que você pretende comprar.

Outra vantagem é obter novos e importantes dados da ação – se o imóvel está ocupado, por quem, o estado de conservação, se já existe algum contrato de locação ou se o imóvel foi vendido anteriormente e possui algum recurso pendente.

Com essas informações, você poderá decidir se valerá ou não a pena investir na compra do imóvel.

3.7 VERIFIQUE TODAS AS DÍVIDAS DO IMÓVEL

As dívidas que acompanham o imóvel geralmente são as de condomínio e IPTU. Essas duas serão deduzidas do valor apurado no leilão, isto é, do valor pago pelo imóvel – o que no Direito se chama *propter rem* –, porém existem exceções, das quais trataremos mais adiante.

É importante checar no Registro Geral de Imóveis (RGI) a origem do imóvel até seu momento atual – o que eu chamo de DNA do imóvel. Nele observe se há alguma penhora anterior, isto é, uma dívida anterior ao processo que dá origem ao presente leilão. Caso haja, o dinheiro arrecadado deverá primeiro pagar a dívida, para, depois, pagar os débitos de IPTU e de condomínio.

3.8 COMPRAR SOZINHO OU COM AMIGOS

Quando compramos algo sem a ajuda de ninguém, o lucro, assim como o risco, é todo nosso; quando compramos com dois ou três amigos – o que é totalmente viável e legal –, tudo será dividido.

Optando pela compra em conjunto, chamada de *condomínio*, além da divisão dos riscos e lucros, é preciso pensar também que, se um dos sócios morrer, falir ou separar-se da esposa, enquanto o processo de pós-leilão estiver correndo, o negócio, que seria rápido e lucrativo, poderá se transformar em um tormento.

Sugiro que haja um contrato entre as partes, para que a compra se realize em nome de um só representante e com documento público assinado em cartório prevendo todas as possibilidades já descritas, inclusive a venda para o restante do grupo, caso um dos amigos precise do dinheiro imediatamente.

3.9 VANTAGENS DE CONTAR COM UM ESPECIALISTA EM LEILÃO

Fazer negócio em um leilão não é uma tarefa trabalhosa, tendo em vista que o tempo gasto entre descobrir um imóvel em leilão, e efetuar a compra ou até mesmo a venda é de apenas alguns meses, em média.

Quando falo que não é muito trabalhosa, levo em conta o fato de você poder ganhar mais dinheiro trabalhando algumas horas semanais do que muitos profissionais de emprego médio em um ano, trabalhando 8 horas por dia. Ainda assim, algumas pessoas não estão dispostas nem a ter esse trabalho semanal e o delegam a um advogado, amigo da família ou um vizinho, que muitas vezes não tem experiência comprovada em compras de imóveis em leilões judiciais, por exemplo.

Se você também prefere contratar um advogado para a tarefa, encontre um profissional que seja especialista em leilão e solicite-lhe o seguinte:

- petições redigidas por ele;
- contratos efetivados com clientes anteriores que compraram imóveis;
- registro geral de imóveis, no qual conste o nome do antigo proprietário da propriedade vendida e o registro do novo adquirente – que foi seu cliente; e
- decisões do juiz confirmando sua compra.

O trabalho de um especialista em leilão varia, segundo o interesse do investidor que o contratar. O profissional poderá procurar um imóvel, ver o risco de adquiri-lo, participar do leilão, arrematar o bem, resolver toda a parte burocrática e depois colocar a propriedade à venda, ou simplesmente fazer o acompanhamento pré ou pós-leilão.

Por essa razão, não é possível mensurar um valor justo a ser pago a esse profissional. Eu aconselho, então, a combinar antecipadamente seus honorários – assim como há médicos que cobram muito barato e outros que cobram vinte vezes mais por uma consulta, o mesmo acontece com advogados especialistas em leilão.

Um especialista em arrematação imobiliária deverá:

- examinar minuciosamente o processo judicial;
- calcular o preço final da arrematação e o valor de venda, calculando a margem de lucro;
- selecionar os leilões;
- fazer a avaliação prévia de compra e venda de imóveis;
- cuidar da análise processual;
- atuar ativamente no processo para agilizá-lo; e
- ficar responsável, pós-leilão, pela imissão na posse do imóvel (entrega do bem) e venda do imóvel, se for do interesse do arrematante.

3.10 RELACIONAMENTO COM O LEILOEIRO

No Capítulo 1, *Entendendo os leilões*, já falei um pouco da importância de ser educado com o leiloeiro e de como tornar possível um primeiro contato com ele, para que você consiga ter mais êxito nos leilões. Reforço agora o bom relacionamento também depois da compra realizada, pois é esse pensamento que poderá lhe trazer mais negócios.

Sua compra é tão importante para você como para o leiloeiro, isso é fato; mas a parceria não deve terminar aí, pois há muito mais interessados em comprar em leilão do que em vender, isso é pura estatística.

O momento do término do leilão, com o pagamento do valor combinado e da comissão, pode ser o início de novas compras – e até de uma grande parceria imobiliária em que o maior ganhador será você.

Um bom relacionamento com os membros da equipe do leiloeiro fará com que, em algum momento, seu nome seja ouvido pelo leiloeiro. Em decorrência disso, você poderá ter a chance de receber um telefonema, e-mail ou carta comunicando uma boa oportunidade de negócio.

Caso, no próprio leilão judicial, surja algum problema técnico, você poderá ter auxílio jurídico de pessoas com larga experiência no assunto ligadas ao leiloeiro, independente de seu grau de conhecimento e de seu advogado sobre leilões. Dessa forma, você não se sentirá abandonado, e terá todo o apoio técnico e possivelmente reuniões ou ajuda em novos contatos para agilizar seu processo de compra.

É importante demonstrar uma imagem positiva no pós-leilão e seu interesse em ser parceiro, em ser lembrado futuramente, independente de os produtos de novos leilões estarem na mídia, pois muitas propagandas do leiloeiro podem passar despercebidas por você no dia a dia.

3.10.1 Pedindo apoio e uma nova indicação

Findo o leilão, passados alguns dias, fica muito simpático ir ao escritório do leiloeiro, agradecer a compra, falar que está feliz com o negócio e que espera que tudo se resolva logo, pois já sabemos que o fim do leilão não é exatamente a garantia da compra imobiliária – ainda podem existir recursos pendentes, além da espera pelo registro, que geralmente envolve exigências no órgão competente de registro.

Essa aproximação, além de causar simpatia, cria uma cumplicidade natural, pois os interesses convergem para o mesmo fim: para você adquirir de fato seu imóvel e para o leiloeiro receber sua comissão sem risco de desfazimento do leilão, mesmo não tendo obrigação alguma de devolver sua comissão, pois seu trabalho foi cumprido.

Essa aproximação também poderá fazê-lo lembrar-se de você toda vez que um novo leilão estiver para ser marcado, pois o leiloeiro pode pensar: "Ei, fulano de tal, aquele sujeito simpático que esteve aqui outro dia iria gostar desse imóvel, ligue para ele!". Um simples ato de simpatia pode abrir a porta para novos negócios. Parece ridículo, mas funciona! Lembro que, uma vez, acabara de vender um imóvel até bem caro, em torno de uns R$ 3 milhões. Logo após a venda, o arrematante sugeriu um almoço. Eu aceitei, pois estava morto de fome e iria almoçar de qualquer forma; assim, pensei, não custaria nada sentar à mesa com ele. No almoço, que foi até agradável, o sujeito me pediu várias dicas, e também se eu poderia avisá-lo quando tivesse algum imóvel igual ao que ele havia acabado de adquirir. Eu concordei – e até tinha alguns imóveis nessa situação para serem leiloados. Porém, na hora de pagar a conta, ele nem se ofereceu para pagar meu almoço – o que eu nem aceitaria. O fato é que ele não fez essa gentileza, mas me pediu várias gentilezas. Bem, eu nunca mais liguei para esse sujeito. Foi pelo almoço? Não, lógico que não, mas pela falta de gentileza.

FIQUE POR DENTRO

Pergunta: Quando o condomínio está promovendo a ação, o imóvel ainda possui dívida de IPTU e o credor é hipotecário, como fica o dinheiro?

Resposta: Como quem entrou na ação que originou o leilão foi o condomínio, ele tem a preferência sobre o valor arrecadado. Em relação ao IPTU, só será responsabilidade pagar se não estiver bem claro no edital, conforme o Artigo 130 do Código Tributário Nacional (CTN).

Capítulo 4
SAIBA TUDO O QUE É PRECISO ANTES MESMO DE TER O DINHEIRO PARA COMPRAR UM BEM EM LEILÃO

Qual o seu propósito?
Comprar um imóvel, dois, não parar de comprar?!
Defina muitas coisas antes de adquirir seu primeiro imóvel.

Não se preocupe, motivação não é como nascer de olhos azuis; motivação é algo que de fato depende de nosso próprio esforço. É como ter aulas de inglês, depois de algum tempo estudando e praticando, e, quando percebemos, já estamos conversando na nova língua – a motivação.

4.1 O SEGREDO DO SUCESSO ESTÁ EM SUAS MÃOS
4.1.1 Não se estresse

Os aborrecimentos são grandes nessa área. Algo muito estressante, por exemplo, é você descobrir um leilão que irá ocorrer e que lhe parece de grande interesse, mas não conseguir entrar em contato com o leiloeiro nem obter informações precisas sobre o imóvel que lhe chamou mais a atenção.

O primeiro passo, e o mais comum, é fazer uma pesquisa na internet. Caso não encontre a informação que deseja, vá para o segundo passo. Com as informações do imóvel, tire uma certidão. Agora, provavelmente com o endereço certo, você saberá qual tipo de dívida tem o imóvel, se é decorrente de ação trabalhista, fiscal, de condomínio ou até mesmo fiduciária.

Em seguida, procure o processo judicial e verifique se o leilão já tem data marcada. Se o processo for público, os autos ficam disponíveis – com exceção de competências na área de família ou inventário.

Se você acha que tudo isso irá estressá-lo, então participar de leilões não me parece o seu forte.

4.1.2 Determine um propósito

Para entrar em um leilão, é preciso ter o firme propósito de querer fazer um bom negócio e, ao mesmo tempo, estar preparado para não desistir, pois todos os fatores agem contra o investidor: uma infinidade de recursos procrastinatórios, advogados contra o seu interesse e uma justiça abarrotada de processos judiciais na frente do seu para serem julgados etc. Por isso, é preciso ter em mente um prazo dilatado para cumprir uma meta, que é a de, pelo menos, duas compras em vendas consecutivas, pois uma segunda compra aumenta muito o capital de uma primeira investida. Não se esqueça de considerar o tempo que vai demorar para todos os documentos ficarem em ordem, além de todos os percalços que terão que ser superados, pois eles irão ocorrer, isso é fato. Porém, com o propósito definido de compra, apesar da burocracia, nada irá impedir você de obter o resultado positivo no final.

Não adianta entrar no mundo dos leilões imaginando que poderá sair sem problemas se a compra não der certo, pois ainda haverá o dinheiro para outro investimento. Nosso propósito definido só se tornará realidade se imaginarmos que nossa única saída é o negócio concluído; o propósito definido é uma decisão consciente e não uma saída para os problemas. Se o negócio fosse ruim, não teríamos tantos bons profissionais atuando nele; no caso do leilão, não faltam leiloeiros e compradores. Há mais de cem, pelo menos, em cada leilão judicial de imóveis.

4.1.3 Pesquise

No leilão imobiliário, não adianta só ter propósito definido, é preciso ter dinheiro, dedicação e trabalho. Quando falo de trabalho, falo na pesquisa exaustiva de cada passo a seguir. E isso inclui ter o máximo possível de conhecimento sobre o imóvel que vai comprar, sobre os procedimentos de um leilão, seus riscos e suas garantias – tópicos já explicados em capítulos anteriores. Dessa forma, a pesquisa deve ser anterior ao dia do leilão, e não se encerra no leilão, acredite.

4.1.4 Não tenha medo de perder

Apesar de termos que focar nosso propósito definido, que é concluir a compra de um bem desejado, é bom saber que perder é uma arte – *só merece ganhar quem sabe perder, mas quem só sabe perder não merece ganhar.*

Mesmo que você tenha se preparado durante um mês para o leilão, tenha feito toda a pesquisa de mercado necessária, tenha ido ao prédio em que se encontra o imóvel, tenha falado com o porteiro, com o vizinho, até com seu corretor e, chegada a hora do leilão, um concorrente cubra sua oferta, lance após lance, não se desespere – é a regra do jogo. Seja um bom esportista; hoje você perde, outro dia, será a vez do outro perder – ainda que, com raiva, você tenha vontade de pular no pescoço do vencedor do leilão.

Persista. Não ter medo da pressão é essencial, pois, como se diz em um ditado, "um diamante é um pedaço de carvão que se saiu bem sob pressão".

4.1.5 Não tenha receio de pedir

Ligue sem medo para o leiloeiro. Se ele não puder atendê-lo, peça para ser atendido por algum funcionário próximo. Bons relacionamentos são importantes. Quem sabe, você e o leiloeiro têm algum amigo em comum, o qual poderá facilitar a comunicação entre vocês dois. Se não der certo, se não achar ninguém, procure ver no Facebook se vocês têm amigos em comum, é infalível. Eu mesmo já entrei em contato com alguns clientes pelo Facebook que nem me conheciam. Se o leiloeiro for um cara esperto, verá sua tentativa de aproximação e lhe dará o devido valor de lutador, pois todo leiloeiro bem-sucedido também é um lutador.

No livro *Como nadar entre os tubarões sem ser comido vivo*, de Harvey B. Mackay,[8] aprendemos diversas lições de negociação. Foram mais de quatro milhões de livros vendidos, e uma de suas lições diz que não devemos ter vergonha de pedir a um amigo que nos apresente a outra pessoa. Assim, peça mesmo e, principalmente, esteja aberto para retribuir o favor.

4.1.6 Seja generoso

Saber reconhecer um favor é uma virtude. Reconheça quem o está ajudando e o recompense; pode ser com um almoço, uma caneta, um chocolate ou até dinheiro mesmo. A gratidão é algo que não deve ser esquecida. Lógico que qualquer um prefere receber um presente a um *não*! A generosidade é o contrário do egoísmo, de forma que os que nos ajudam a alcançar um objetivo (conhecer alguém que tanto desejamos, por exemplo) merecem prontamente nossa gratidão e generosidade. Pessoalmente, gosto de ser generoso com o melhor bem material que existe – que é

---

[8] MACKAY, Harvey B. *Como nadar entre os tubarões sem ser comido vivo*. Rio de Janeiro: Best Seller, 2007.

o dinheiro –, mas, quanto a isso, cada um tem uma opinião, e é aí que pessoas crescem profissionalmente e outras não. Por quê? Porque só fazem o que acham que é certo, e não o que agradaria o outro. Querem, principalmente, economizar. Na minha opinião, ser grato é a moeda barata que compra produtos caros.

4.1.7 Não delegue nunca, nunquinha na vida

Um dos maiores segredos de ser bem-sucedido é resolver por conta própria o que é mais importante. Não fique em uma cadeira confortavelmente no ar-condicionado só mandando. No ramo de leilões, há muitas alianças a serem feitas, como tratar com funcionários públicos, funcionários de leiloeiros e pessoas que você conhecerá pelo caminho. Seu sucesso vai depender de seu carisma, então a fórmula é comparecer. O cineasta Woody Allen disse que comparecer é 80% do sucesso.

4.1.8 Anote tudo

Desde o começo de sua empreitada, anote tudo incansavelmente, e não pare de anotar: faça anotações sobre com quem você falou, o que falou, os dados dos imóveis, anote até como foi o comportamento do leiloeiro no leilão. Talvez assim você possa ter um perfil psicológico do leiloeiro para o próximo leilão. Saber como ele vai se comportar pode ajudar muito em suas investidas de compra.

4.1.9 Aproveite o sucesso de agora para o futuro

No leilão, sucesso é definitivamente comprar bem, e comprar bem é sinal de estar no leilão na hora certa e com disponibilidade financeira.

Você se saiu bem, teve êxito! Sua empreitada em comprar um imóvel foi concluída, parabéns. Apesar de essa etapa representar 80% do sucesso, é preciso ir atrás dos outros 20%, que se devem ao fato de suas portas não terem se fechado; só assim você poderá repetir o mesmo sucesso de compras concluídas.

Então, seja político, agradeça e recompense todos que o ajudaram.

4.1.10 Organização do começo ao fim

Este é o princípio do FAÇA BEM-FEITO! Pesquise sua área de interesse, vá ao local em que o imóvel se encontra, converse com os vizinhos, corretores, vá ao Judiciário e tente ler os autos (autos são o processo materializado), empenhe-se em conversar com o leiloeiro e sua equipe. Não há nada melhor do que ir pessoalmente – como meu avô diria, *tête-à-tête*, uma expressão da língua francesa que é uma espécie de conversa direta olho no olho. Depois vá ao leilão, mas chegue com antecedência, sempre com antecedência. Perceba o movimento; dependendo do humor do leiloeiro, ele pode até puxar uma conversa com você se achar que não virá mais ninguém.

4.1.11 Tecnologia

O uso da tecnologia é 60% do sucesso, os outros 40% correspondem à pesquisa *in loco* dos processos que acabam em leilão. Use a internet para *fuçar*, usando sempre os mecanismos de pesquisa. Hoje em dia existem dezenas de sites que pesquisam leilões no Brasil inteiro em troca de uma mensalidade. Eu tenho duas empresas ao meu serviço que encontram editais de concorrentes para que eu me mantenha informado e saiba onde ocorrerão novos leilões. Essas empresas nem são do Rio de Janeiro, onde moro, mas não importa onde ficam suas sedes, pois tudo que me passam e o pagamento dos honorários são efetuados on-line.

4.2 A ESCOLHA DO IMÓVEL
4.2.1 Plena propriedade

Quando falamos em leilão de imóveis, é preciso ter em mente a seguinte pergunta: – É plena propriedade?

Plena propriedade é o direito que a pessoa física ou a empresa possui de ter, usar, gozar e dispor de seus bens, bem como reivindicá-lo a quem o utilizar injustamente.

Por exemplo, você compra um imóvel, tira sua escritura e mora nele. Quando resolve vendê-lo, é sabido que você possui a plena propriedade. Caso você faça tudo isso, mas tenha comprado seu imóvel financiado com parcelas vincendas ainda, quem comprar o seu imóvel não está comprando a plena propriedade.

4.2.1.1 *Direito e ação*

Uma pessoa não possui plena propriedade quando, por algum motivo, compra o imóvel sem ter finalizado o pagamento por definitivo. Muitas vezes, o que acontece nos leilões é algo bem parecido, pois pode ocorrer de o imóvel ir a leilão por penhora do direito de adquirir – dessa forma é aconselhável ver se o crédito foi de fato já quitado. Ocorre muitas vezes de o devedor, para desanimar o credor, não atualizar os pagamentos das prestações de um empréstimo ou de um financiamento, não dando a quitação.

Quando se trata de empresa, construtora ou banco, o leiloeiro intima a parte para apresentar os débitos; quando se trata de pessoa física, nem sempre isso é possível, ficando a dúvida se o imóvel está ou não completamente quitado.

Para quem comprar nessas condições, talvez haja a necessidade de mover uma ação chamada *adjudicação compulsória*[9], que aumenta o custo da arrematação em leilão.

---

9 A *adjudicação compulsória* é uma ação judicial para que seja feito o registro imobiliário necessário à transmissão de propriedade imobiliária quando não for lavrada a escritura definitiva para solucionar uma promessa de compra e venda de imóvel.

Como a intenção de um investidor é comprar e vender rapidamente, deve-se ponderar os riscos e os ganhos.

4.2.2. Fração do imóvel

Não falo aqui de fração ideal do imóvel, que é uma parte indivisível correspondente à unidade autônoma de cada condomínio, e, sim, quando o imóvel possui mais de um proprietário, como dois irmãos donos de um mesmo imóvel e só um deles é devedor, ou, ainda, marido e mulher que compram um apartamento em condomínio, cada um com sua fração correspondente.

Cito isso porque é normal encontrarmos leilões judiciais em que apenas 50% ou outra fração do imóvel está em jogo, justamente porque o imóvel possui mais de um dono.

Porém, esse não é um negócio totalmente inviável, pelo contrário, é uma forma eficaz e esperta de adquirir um imóvel no longo prazo com um lucro muito confortável.

Uma vez, foi levado a leilão um imóvel em Copacabana; não era grande, tratava-se apenas de um quarto, sala, cozinha e banheiro. Por causa de uma decisão judicial, eu só poderia vender 50% do imóvel, pois ele era compartilhado, isto é, dois proprietários possuíam metade cada um daquele bem.

Um cliente meu, Roni Scuker, participou do leilão e, por ser apenas metade de um pequeno apartamento, ninguém quis competir com ele. Assim, Roni levou a metade do imóvel pela metade do preço, pagando por 50% do imóvel 25% do seu valor, pois, como já expliquei em capítulos anteriores, em leilões judiciais muitas vezes o preço real do imóvel cai consideravelmente.

Na época, o imóvel valia R$ 80 mil, e ele pagou R$ 20 mil. Passado um tempo, Roni procurou o outro dono do imóvel e propôs o que mais ou menos eu imagino:

– Olha, eu comprei a outra metade do seu imóvel; somos condôminos. Eu poderia entrar com uma ação judicial para vender tudo, ação que se chama *extinção de condomínio*, mas, com isso, nós dois perderíamos tempo e dinheiro. Como essa não é minha intenção, nem a sua, creio, proponho vendermos amigavelmente o imóvel e daí fazermos a divisão meio a meio. Dito e feito, o imóvel foi vendido sem briga e rapidamente. Roni ganhou exatamente 100% do capital investido em menos de quatro meses, por não ter havido briga judicial alguma a partir do momento da negociação com o outro proprietário.

4.2.3 Loteamento irregular – fração de terreno

Pode ocorrer que, em uma briga judicial, a parte autora, na hora de pedir a penhora do bem do devedor, não encontre bem algum de boa qualidade e tenha que ficar apenas com a fração de um terreno de forma irregular que está no nome do devedor.

Isso significa que o proprietário já tinha vendido uma fração de seu terreno de 400 m para outras pessoas. Vamos imaginar um caso em que os 400 m foram fracionados para quatro pessoas, das quais cada uma tenha ficado com ¼ do terreno, com o intuito de posteriormente fazerem algum empreendimento.

Imagine que esses lotes divididos não estão registrados de forma regular no Registro Geral de Imóveis, nem a obra, caso venha a ser feita ali, será aprovada pela Prefeitura – uma vez que qualquer intenção de fazer uma casa em um terreno irregular seria embargada pela Prefeitura.

E é justamente nesse meio-tempo que o devedor tem a sua fração penhorada por um credor, indo a leilão.

Acredite, essa não será uma boa compra, pois, de imediato, nada poderá fazer o novo adquirente de boa-fé, tendo que convencer os outros três proprietários a regularizarem o terreno, o que pode levar anos, dependendo do acordo feito entre eles, e o único beneficiário será o credor, que terá sua parte do crédito ressarcida.

Minha sugestão é fugir dessas armadilhas, pois, apesar de parecer um bom negócio, não é, pela impossibilidade de regularizar o bem em curto e médio prazos.

4.2.4 Usufruto

Segundo a advogada Sara Regina de Oliveira, minha grande amiga e especialista em direito imobiliário, acostumada a fazer grandes compras de imóveis em leilão, o usufrutuário pode usar e dispor do bem como quiser, isto é, pode alugar ou morar no imóvel, mas não pode de forma alguma vender o bem.

Por isso, ao comprar um imóvel em leilão e, no registro geral de imóveis, constar o usufruto, saiba que não poderá morar no imóvel, pois terá que aturar o usufrutuário do bem.

De acordo com Sara, é absolutamente possível que o leilão de um bem gravado com usufruto seja temporário ou vitalício. Assim, o provável arrematante deve saber que tanto poderá cair o usufruto, se for temporário, fazendo excelente negócio pela falta de concorrentes com medo da certidão que consta no registro, quanto poderá esperar anos até que isso ocorra.

Está também prevista em lei a perda do usufruto em determinadas situações, facilitando a vida do adquirente em rever a totalidade do bem em curto prazo.

Naturalmente, alguém de má-fé que mora no apartamento, cujo filho ou esposa é usufrutuário e não paga condomínio, perderá o usufruto – decisão já tomada por vários tribunais nesse entendimento. Dessa forma, você pode naturalmente participar do leilão para a compra do bem, resguardando no auto de arrematação expedido pelo leiloeiro a condição de efetivar o leilão apenas se houver baixa no usufruto.

4.2.5 Garagem

Comprar garagem é simplesmente um investimento barato e de grande retorno quando se pensa em alugar um bem para renda – o investimento nunca atinge grandes somas e seu retorno é maior do que qualquer rendimento de aluguel de imóveis comerciais e residenciais. Você pode ganhar até 2% de renda em cada compra e, se levar em conta que o imóvel no leilão sai ainda mais barato, a renda pode dobrar.

Nos últimos anos, tenho observado como leiloeiro que as vendas de garagem no centro do Rio de Janeiro dispararam, pois falta espaço para os carros nas ruas, e cada vez menos profissionais optam por se locomover utilizando os meios de transporte público.

O risco de adquirir uma garagem é apenas verificar se no prédio em que ela se encontra existem cláusulas que não permitem o aluguel em determinadas situações – o que reduziria a gama de prováveis inquilinos.

O ideal é comprar em edifícios-garagens, pois qualquer um pode alugar. Edifícios que possuem escritórios e garagem com matrículas diferentes às vezes não permitem o aluguel para quem não é domiciliado.

4.2.6 Galpão

Para os investidores mais intrépidos, a fórmula mágica é a compra de galpões industriais, pois possuem concorrência pequena, poucas pessoas entendem sobre eles no mercado e, principalmente, muita gente tem medo do custo da manutenção do imóvel.

Entender de galpão realmente é uma tarefa para especialistas, mas não é nada do outro mundo; o investidor apenas precisa saber claramente, antes de efetuar a compra, o que fará com o bem. São duas as alternativas lógicas: a primeira, o aluguel, e a segunda, a revenda.

O aluguel para grandes empresas sempre é preferível, pois, por motivos óbvios, elas preferem não investir seu capital em um bem imobilizado, optando pelo aluguel, o que permite ficar com capital para seu próprio negócio. Além do mais, o custo com os aluguéis é lançado como despesa no balanço das empresas.

Na verdade, a manutenção de um galpão é pequena, pois não existe condomínio. Caso precise de uma obra, ela se torna muito mais rápida se comparada a um apartamento, pois dificilmente há vizinhos e restrição de horário e dia para realizar as obras necessárias.

Dois pontos fundamentais para saber se o galpão pode ser rentável são:

- a qualidade de seu piso quanto à sustentação; e
- a proximidade de grandes vias, pois o acesso a estradas é fundamental, mesmo que seja perto de comunidades carentes; isso não terá tanto efeito negativo.

No entanto, não basta ter boa estrutura e estar localizado perto das vias de escoamento se as ruas de acesso ao galpão forem esburacadas, não comportarem as manobras de grandes caminhões e o acesso aos empregados for muito difícil.

Imagine também que um grande caminhão não consiga entrar no galpão para manobrar; com isso, de nada vai adiantar uma boa estrutura, a localização para as vias de acesso e a fácil locomoção dos empregados à empresa. É bom estar atento a todos esses pontos antes de realizar a compra de galpões.

4.2.7 Loja

Encontrar uma loja em leilão, como dizem por aí, é como achar a *joia da coroa do leilão*. Esses imóveis são muito procurados, e estão visivelmente disponíveis em classificados ou mesmo na mão de corretores. Assim, provavelmente, estará sempre com preço de mercado atualizado. Quando alguma loja entra no mercado para ser vendida, aparecem interessados de diversos estados brasileiros, de todos os tipos, o que faz o preço de compra ficar muitas vezes acima do que realmente vale.

Mas, se você der a sorte de se deparar com alguma *joia da coroa*, tanto judicial quanto extrajudicial, o procedimento para adquirir o bem é igual ao de qualquer apartamento ou terreno em leilão.

O que é preciso levar em conta no momento de adquirir a loja é seu interesse, que pode ser por:

- imóvel já locado; ou
- imóvel vazio – tanto para uso próprio, para futura venda ou até locação.

Se a loja está locada, procure saber se a locação está em vigor ou não. Se a locação tiver sido feita antes da ação judicial, você terá que esperar o contrato vencer para usar o bem da maneira que preferir; por outro lado, se for uma locação vencida, azar do inquilino e sorte sua.

No leilão judicial não existe direito de preferência em locação, tanto nos imóveis comerciais quanto nos residenciais, mas, mesmo assim, comprando um imóvel com um usuário ou inquilino com prazo vencido, o arrematante terá que solicitar judicialmente a imissão na posse. Examine a certidão do Registro Geral do Imóvel minuciosamente, observando a data da locação, se é anterior ou posterior à data da citação do devedor, para tomar a decisão que lhe for mais conveniente.

Resolvida essa questão, siga em frente com a arrematação, bastando escolher a compra para:

- venda posterior;
- obter renda com um novo inquilino;
- vender para o inquilino já existente; ou
- uso próprio.

Por que a observação da data de locação em relação à citação? Isso é importante em qualquer arrematação que esteja com o bem locado. Tenha isso em mente, para evitar prejuízos ou problemas desnecessários.

4.2.8 Terrenos e áreas rurais

Para comprar um terreno ou área rural em leilão judicial é preciso auxílio de um especialista, pois o terreno muda de valor conforme sua especificação.

O terreno pode ter um aclive[10], declive[11], pode não ter sido totalmente urbanizado e as ruas reconhecidas pela Prefeitura, o que significa que, se fosse um imóvel de um prédio, deveria ter um *HABITE-SE*. Devemos lembrar que imóvel rural não paga IPTU, e sim Imposto Territorial Rural (ITR). Para saber o valor do ITR, dificilmente a Prefeitura terá uma base de cálculo, pois se trata de um imposto federal, e não municipal.

Para que você obtenha um panorama geral do bem adquirido, tal como um pequeno sítio, uma granja ou uma linda fazenda, procure a certidão negativa de débito rural e o cadastro de imóvel rural (CCIR).

De modo geral, meu conselho é sempre adquirir terrenos planos, pois fica mais fácil a efetivação de qualquer projeto quando não há necessidade de aterrar ou escavar a propriedade.

Após a compra, se você encontrar um poço de água, verifique com a Prefeitura se há autorização para o uso da água do poço, pois a Prefeitura poderá multá-lo por perfuração ilegal, e você poderá gastar todo o lucro da venda em indenização judicial.

4.2.9 Foreiro, laudêmio e tombado

Dizemos que um imóvel é *foreiro* quando foi construído em um terreno cujo domínio útil pertence a terceiros, e, por isso, é cobrada uma taxa anualmente. Os proprietários de imóveis foreiros pagam *laudêmio* (taxa) a cada transação de venda do imóvel. Para evitar adquirir um imóvel nessas condições, deve-se

---

10 A inclinação é acima da rua.
11 A inclinação é abaixo da rua.

sempre ler o RGI, para ver se há algo no documento que diga que o imóvel é foreiro ou não.

É bom lembrar que o laudêmio é sobre o terreno e, como provavelmente existe um edifício sobre ele, seu imóvel terá uma fração sobre o terreno, pagando a proporcionalidade.

Ao comprar o imóvel em hasta pública, agregue seu custo sobre essas despesas, pois ela fará uma grande diferença para contabilizar o preço final do imóvel.

A exigência de pagamento aparecerá quando for levar a registro público a carta de arrematação. Antes de dar entrada com os documentos, é ideal que esteja pago, pois, se não estiver, certamente cairá em exigência para retornar com o devido pagamento.

Os terrenos ou imóveis foreiros podem pertencer tanto à União, à Marinha, à Igreja Católica Brasileira, quanto a particulares e herdeiros da monarquia. Os valores devidos são:

- a famílias privilegiadas e Igreja Católica – 5%;
- à União 5%; e
- aos Estados e seus Municípios – 2,5%

O *laudêmio* existe desde o tempo da colonização, quando a coroa portuguesa autorizava o uso da terra desde que houvesse o pagamento de uma taxa anual. Em Petrópolis, especificamente, herdeiros da família imperial recebem o laudêmio sobre muitos imóveis da região.

A taxação sobre os terrenos da Marinha surgiu na época da invasão francesa como taxa de proteção de guerra, pelo custeio das fortificações contra invasores.

Com essas taxas ainda em vigor, o leiloeiro sempre deve informar ao arrematante sobre a existência do laudêmio, sob pena de desfazimento do leilão, tendo em vista que a compra do imóvel se torna mais onerosa.

Quanto ao imóvel *tombado*, seu dono não perde a propriedade, apenas fica com seu bem sob tutela pública, em geral por ter características históricas, estéticas e arqueológicas de interesse da sociedade.

Assim, o proprietário de um bem tombado passa a ter responsabilidade por sua conservação. O Poder Público também poderá ressarcir o proprietário de prejuízos, bem como auxiliar na preservação do bem e até arcar com custos de reformas e restauração.

Uma das vantagens do imóvel tombado é a isenção parcial ou total dos pagamentos do IPTU.

Ele possui domínio útil do imóvel, tendo como "senhorio" a União, os Municípios, a Igreja Católica e a outras famílias privilegiadas.

4.2.10 Imóvel alugado e imóvel ocupado

Quando for comprar seu imóvel em leilão, certifique-se de que ele esteja vazio, ou de que está ocupado ou alugado. Existe uma grande diferença processual na hora de requerer sua ocupação, e o instrumento adequado para isso se chama *imissão na posse*.

O imóvel pode estar ocupado pelo próprio devedor, pelo filho, mulher, mãe, amigo ou até um espertalhão ou qualquer outra pessoa que não possui um contrato devidamente registrado.

Caso esteja ocupado por uma das pessoas citadas, o procedimento é bastante simples: basta que o arrematante peticione no sentido de obter a imissão na posse. Para isso, paga um pequeno valor e solicita ao magistrado a imissão na posse, que será automaticamente aceita e cumprida pelo arrematante acompanhado pelo oficial de justiça.

Caso haja bens no interior do imóvel, eles poderão ser transferidos para o depósito público ou ficar sob responsabilidade do arrematante.

Caso o imóvel esteja com um contrato de aluguel em vigência, entende-se que o contrato será quebrado uma vez que o Tribunal de Justiça entender tratar-se de *venda originária*.

No entanto, esse entendimento é controverso, pois, em geral, um contrato só poderá ser quebrado mediante ação autônoma, o que poderá acarretar mais tempo gasto para a documentação, gerando mais custos – o que aumenta o preço final do imóvel.

Caso seja esse o caminho, os aluguéis são cobrados a partir do registro imobiliário do novo comprador.

A partir da compra, isto é, da data do leilão, toda a responsabilidade com condomínio, IPTU e taxa de incêndio passa a ser do novo adquirente.

4.2.10.1 Após a aquisição, como tirar o ocupante do seu imóvel

Ao se deparar com a existência de um ocupante no imóvel, é preciso saber com que tipo de ocupante você está lidando:

- um ocupante que sairá amigavelmente;
- um ocupante que só sairá do imóvel com ação de despejo; ou
- imissão na posse.

Em cada uma dessas possibilidades, serão tomadas medidas diferentes. Quando o próprio devedor mora no local ou um parente seu, embora tenha dificultado o leilão de todas as maneiras possíveis, acaba percebendo que a imissão na posse virá pela frente e terá ainda mais aborrecimento futuramente. Nesse caso, não precisa ser especialista, basta ter sensibilidade para mostrar a ele as vantagens de sair voluntariamente do imóvel o mais cedo possível.

Sugiro que você vá ao local tentar entrar em contato com o ocupante e falar amigavelmente sobre o leilão ocorrido, que não se trata de uma desavença pessoal, e que sente muito pela perda lamentável daquele imóvel. Mostre-se solidário a ele e demonstre que, embora você queira a posse imediata do imóvel, está disposto a dar um tempo para sua mudança, e poderá ainda ajudá-lo com isso. Essa despesa extra será a saída mais barata do que a demanda judicial, pois, enquanto ocorrer o processo de imissão na posse ou qualquer litígio depois de findado o leilão, será de inteira responsabilidade do arrematante o condomínio, o IPTU e qualquer outra taxa que venha a incidir sobre o imóvel, bem como os custos judiciais.

Lembre-se de que pouquíssimos seres humanos realmente gostam de dever; a maioria, se pudesse, teria uma vida financeira tranquila, pois ser despejado de seu imóvel, tanto no Brasil como na Índia, é algo terrível.

Dale Carnegie, em seu livro que vendeu milhões e milhões de exemplares, *Como conquistar amigos e influenciar as pessoas*,[12] ensina algo que pode ajudar a lidar com essa difícil situação. No primeiro contato com a pessoa que está ocupando seu imóvel, você deve *sorrir*. Também se lembre de *chamar a pessoa pelo nome* – para ela, o nome é o som mais importante da vida. Desse modo, ao chamá-la pelo nome, você demonstra respeito.

Seja um bom ouvinte – isso significa ouvir sinceramente o que o outro tem a dizer, ouvir seus problemas, colocar-se no lugar dele, pensar em uma maneira de ambos saírem da situação da melhor maneira, de forma que você tenha a chave do imóvel em sua mão o mais breve possível. E ele, que já perdeu seu bem tão precioso, saia dignamente do imóvel, sem ser mais humilhado.

Seja sincero – esse princípio de Carnegie vai fazer com que o outro veja também seu lado, vai perceber que o que o leva até ele são negócios, ou até a necessidade de um lugar para morar, e que, em momento algum, se trata de algo pessoal. Agindo com sinceridade, as possibilidades de retorno são enormes, pois a pessoa do outro lado, tão fragilizada, vai agradecer sua bondade e terá a chance de se sentir valorizada.

Não discuta – segundo Dale, esse embate só acarreta prejuízo e poderá impossibilitar um ambiente positivo para falar amigavelmente, diminuindo a chance de êxito no final. Não seja pretensioso pensando que o morador é tolo por não aceitar suas pressões para tirá-lo do apartamento. Tolo será você se disser ao ocupante do imóvel que ele está errado. Nesse caso, ele com certeza brigará o máximo possível com você, pelo simples fato de precisar se sentir importante.

---

12 DALE, Carnegie. *Como conquistar amigos e influenciar as pessoas*. São Paulo: Companhia Editora Nacional, 2003.

As pessoas, às vezes, se sentem importantes por princípios errados. Bill Gates, por exemplo, se sentia importante usando metade de sua fortuna para acabar com a fome na África, enquanto vemos assassinos ou vigaristas toda hora serem presos por quererem *parecer* importantes tendo uma roupa melhor, um carro caro e até morando em lugares acima de suas posses sem pagar aluguel, apenas para que os outros os considerem bem-sucedidos e respeitáveis.

Uma das melhores dicas que posso dar para uma negociação é entender os princípios de Dale Carnegie. Dale fala de relacionamento, e é disso que precisamos quando queremos algo que depende também da ação de outras pessoas. No caso da negociação da compra de um bem em que você deseja que o ocupante do imóvel adquirido em leilão saia voluntariamente, pense em Dale Carnegie. Ele pondera que em uma situação de conflito não há ganhador nem perdedor. Assim, uma oferta generosa, como dar umas semanas para a pessoa sair ou ainda ajudar na mudança, o que a princípio pode parecer um gasto extra por parte do comprador do imóvel, irá se tornar uma economia de tempo e gasto futuros, imaginando que nessa situação o imóvel seria desocupado com prazo marcado, sem maiores brigas.

Se a conversa amigável não resolver, imediatamente após a compra em leilão, você deverá peticionar para pedir as baixas na penhora, baixa de hipoteca, se houver, como também as reservas de dinheiro para respectivos passivos. Além disso, esqueça o pedido de *imissão na posse*, pois ele não interfere na tentativa de falar amigavelmente com o ocupante. Daí em diante, sua tentativa de resolver amigavelmente será paralela, pois, se falhar a tentativa amigável, você não terá perdido tempo. Além do mais, independente de o juiz conceder um prazo de saída para o ocupante, nada impede que ele saia antes ou até que você o deixe ficar mais um período.

Uma vez deferido o pedido, deverá ser expedido um mandado de intimação a ser cumprido por um oficial de justiça, que o arrematante ou seu advogado acompanhará para dar cumprimento à ordem judicial.

> **DICA**
> Pergunta: Quando o leiloeiro fala que as dívidas se sub-rogam da arrematação, o que isso significa?
>
> Resposta: Do dinheiro referente ao valor do bem arrematado será abatido preferencialmente todo o condomínio e todo o IPTU, mesmo que não sobre para o credor, autor da ação judicial que deu origem ao leilão. Isso quer dizer que os débitos em atraso, como IPTU e condomínio, têm preferência sobre o crédito.

Após a expedição da *carta de arrematação*, e depois de ter feito o registro do imóvel em seu nome, o juiz pode não conceder a imissão na posse, por considerar uma locação vigente.

Então, a única saída legal seria uma *ação de despejo* conforme a legislação vigente no país.

4.3 DIREITOS E DEVERES DO ARREMATANTE
4.3.1 Dos direitos

É direito do arrematante:

- ter acesso aos autos antes do leilão, o que não significa na hora do leilão. O leiloeiro, na maioria das vezes, não traz os autos no momento de apregoar;
- saber sobre os ônus que irá assumir, como IPTU e condomínio. O leiloeiro nem sempre tem esses dados; é responsabilidade do arrematante correr atrás dessas informações. O leiloeiro sempre deve informar ao arrematante que ele é quem será o responsável pelo débito;

- poder desistir da arrematação, desde que assuma a perda de sinal e a comissão do leiloeiro; e
- caso a arrematação não se concretize, o arrematante pode receber de volta o valor principal do lance.

4.3.2 Dos deveres

É dever do arrematante:

- cumprir as exigências legais do edital, como pagamento do preço e comissão do leiloeiro, em tempo estabelecido;
- se representado por outra pessoa, levar sua representatividade, de preferência com firma reconhecida por autenticidade;
- fazer os lances de maneira clara, mostrando-se presente no leilão.

CAPÍTULO 5
O QUE É PRECISO SABER DEPOIS DA COMPRA

Se você ficou feliz com a compra do imóvel, agora vai ficar mais, então se mexa porque o trabalho vai começar...
Se você tem MBA, diploma e adora o trabalho intelectual, esqueça!
Agora, para ter sucesso, o trabalho é físico – muita transpiração e pouca inspiração.

5.1 APÓS A ARREMATAÇÃO, O QUE FAZER?
5.1.1 O registro

Depois de arrematar o imóvel desejado no leilão, será expedida uma carta de arrematação. Com ela em mãos, o próximo passo é se dirigir ao Registro Geral Imobiliário (RGI) e registrar sua aquisição.

Em cada cidade do Brasil, há pelo menos um notário (tabelião) e um registrador de imóveis. No caso da aquisição de um imóvel judicial, não será necessária a ida ao notário.

A obrigatoriedade de registrar a nova arrematação não existe, assim como também não existe uma previsão legal para isso – é possível esperar anos para o registro, se preferir. Porém, a demora envolve riscos, pois, se o imóvel ainda não foi registrado e é oriundo de um devedor, motivo pelo qual ocorreu o leilão, pode aparecer uma nova dívida cobrando esse devedor e, encontrando seu apartamento em nome do antigo proprietário, o credor pode penhorar imediatamente o imóvel, pois não constará em cartório que a propriedade agora é sua. Isso poderá acarretar até perda do bem, pois será um ato de boa-fé do novo adquirente e negligência de sua parte.

5.1.2 Como baixar hipotecas e penhoras após a arrematação

É possível baixar a hipoteca por meio do pagamento de uma dívida, de arrematação, de adjudicação, de remição (liberação ou quitação de dívida), de renúncia da dívida por parte do credor ou resolução da propriedade.

Quando se arremata um imóvel em leilão que possui hipoteca, é preciso observar o seguinte:

- se o credor hipotecário foi intimado;
- qual foi a data da intimação;
- se a hipoteca consta no edital de leilão; e
- se há outras hipotecas.

A verificação nos próprios autos da intimação do credor hipotecário é necessária porque o novo adquirente é que arcará com o pagamento de dívidas anteriores, uma vez que se faz necessária a intimação dez dias antes do leilão.

DICA

O que acontece com a hipoteca quando o imóvel é vendido em leilão?

Quando o imóvel é vendido em leilão, e o credor é devidamente intimado, a hipoteca é extinta – conforme o Artigo 1499, VI do Código Civil Brasileiro.

5.2 O QUE FAZER CASO VOCÊ ADQUIRA UM IMÓVEL DE DIREITO E AÇÃO

Uma vez adquirido um imóvel que conste no Registro Geral de Imóveis não ser plena propriedade, isso significa que não está comprovada a sua quitação com o antigo vendedor. Essa quitação poderá ter sido efetivada e não comprovada, não aparecendo, então, no respectivo RGI, ou simplesmente constar como não paga e não quitada. O leiloeiro também deverá passar essa informação de modo bem claro aos compradores, sob pena de desfazimento do leilão, além de fazer constar o fato no edital e no próprio auto de leilão (documento oficial emitido pelo leiloeiro após a compra em leilão). O adquirente terá que se certificar de que a PROMESSA DE COMPRA E VENDA foi quitada, sob pena de ter que pagar a diferença ou mover uma nova ação autônoma chamada *adjudicação compulsória*.

A adjudicação compulsória, além de demandar tempo, demanda dinheiro, com custos judiciais e honorários advocatícios. Além disso, durante o processo, o IPTU e o condomínio estarão sendo custeados pelo novo adquirente.

Outro pagamento do comprador para o adquirente a ser feito é o do Imposto de Transmissão de Bens Imóveis (ITBI). Seu valor é de 2% da transação, que depois dobrará, pois o primeiro pagamento é feito assim que for registrada a primeira transmissão para o nome do proeminente comprador, e o segundo, para o novo adquirente, dando um total de 4%. A primeira transmissão tem como base de cálculo os primeiros 2% sobre o valor do bem arrematado e a segunda, sobre o valor atribuído pela própria Prefeitura.

Em tese, acontece o seguinte: um imóvel é adquirido por R$ 100 mil, por exemplo, e não é de plena propriedade, e sim de direito e ação do antigo proprietário. Como ele comprou financiado de um banco particular e não quitou a dívida, pois o imóvel foi a leilão por uma dívida de condomínio, ainda há essa dívida pendente com o banco. Entende-se, então, que o banco terá que receber sua quantia devedora, caso não tenha recebido antes, e esse ônus será inteirinho seu.

Tenho um amigo advogado, Sérgio Malamud, dono de sua própria banca de advocacia, uma das mais tradicionais do Rio de Janeiro, que existe há três gerações. Especialista em Direito Imobiliário, ele sempre é procurado por muitos empresários e pessoas que possuem apenas uma reserva de dinheiro e gostariam de investir em algo novo, como em leilões. Apesar de muito atarefado, por adorar e ser um especialista no ramo de leilões, ele realiza muitas arrematações, sempre fazendo questão de atender tais clientes pessoalmente, um a um, sem delegar para algum de seus auxiliares as consultas.

O principal conselho que dá a seus investidores, confidenciado a mim também, é comprar um imóvel que é de *direito e ação*. Quando eu questionei o porquê disso, argumentando ser muito trabalhoso, o Sérgio me disse:

– Léo, realmente pode dar muito trabalho, além de correr algum risco, mas a possibilidade de ganho é enorme, pois a pessoa consegue comprar por 50% da avaliação, sendo que as avaliações às vezes ainda estão defasadas. Além do mais, ninguém gosta desse tipo de compra, e eu acabo não tendo concorrentes.

Enfim, comprar um bem de direito e ação, como se vê, é diferente de plena propriedade.

DICAS

Pergunta: Quando pedir imissão na posse?

Resposta: Se for um leilão judicial, nos próprios autos se pede a imissão. Se for extrajudicial, tem que ser em ação autônoma.

Pergunta: E se o imóvel estiver vazio?

Resposta: Estando registrado, você pode entrar direto no imóvel, sem requerer imissão na posse, pois é o dono legítimo, conforme os artigos 1196 e 1228 do Código Civil Brasileiro.

CAPÍTULO 6
POR QUE COMPRAR EM LEILÕES

Sorte, para alguns, é o preparo realizado; para mim, sorte é sorte mesmo e ponto final.

Em Harvard, os alunos costumam estudar muitos *cases* para se preparar para o mundo real dos negócios, tão cheio de regras e artimanhas. Em leilões, a realidade é uma só: compra e venda pura – comprar bem barato e vender barato.

Meu pai costumava me contar uma história que não sei até hoje se era imaginária ou se de fato tinha acontecido com um amigo dele chamado Yaakov. Vamos a ela... O dono de uma pequena loja de sapatos do Saara (local de comércio no centro do Rio de Janeiro, em que a maioria dos vendedores era de imigrantes judeus e árabes até os anos 1980), sem estudos e que mal falava o português, conseguiu com muito esforço e com sua vida espartana pagar o colégio de seu filho Ruben, e ainda mandá-lo estudar fora do Brasil, na Universidade Stanford, nos Estados Unidos.

Após voltar de viagem, Ruben foi ao Saara visitar o pai, que ainda tinha a mesma lojinha havia mais de 30 anos. Depois de uma rápida vistoria, o rapaz disse ao pai que muitos espaços na loja estavam sendo mal aproveitados, e que o metro quadrado de estoque de mercadoria dava prejuízo, devendo em seu lugar ser exposto outro produto. E passou a dar exemplos de lucratividade para o pai sem estudo.

No final, depois de ouvir todas as recomendações do filho formado, Yaakov pegou uma pequena caixa de sapato, pediu para o filho segurá-la e disse o seguinte:

– Filho, com apenas essa caixa que você está segurando é que comecei meu negócio; o resto – essas mercadorias a sua volta, seus estudos, meu apartamento, seu carro zero, sua festa de casamento – é lucro.

Essa história me serviu de lição. Lucro não é a venda, mas, sim, a *compra*. Por isso, devemos comprar barato, sem ter a ganância de vender caro ou pelo preço de mercado. O melhor é comprar barato e vender barato, para poder ter escala de venda, realizando o máximo de compras e vendendo o mais rápido possível.

Mais uma vez, agradeço ao meu pai, Roberto Schulmann, um dos homens mais notáveis que conheci em minha vida, por ter me ensinado tanto com exemplos dos quais eu ria e que, na verdade, eram aulas de vida, como se eu fosse o garoto do exemplo citado.

6.1 Comprar para vender

Uma vez tendo registrado seu imóvel e de posse dele, o passo seguinte é a venda. Surge, porém, uma segunda questão crucial para se ter lucratividade: a venda será feita por um corretor experiente ou por você?

Essa pergunta é bastante pertinente, pois as duas alternativas possuem um lado bom e um lado ruim. O lado bom de contratar um corretor é que ele terá o trabalho de mostrar o apartamento, anunciar o imóvel e providenciar as certidões, mas, para isso, você terá que pagar a comissão dele. Ou, o que dá no mesmo, você terá um lucro um pouco menor, fazendo com que o novo comprador pague, além do valor do imóvel, a comissão do corretor.

Se você mesmo for vender, pode ocorrer de a pessoa que estiver interessada em seu bem querer fazer o negócio direto com seu corretor de confiança – atitude completamente plausível. É o mesmo que confiar só no seu advogado ou no seu contador. Nesse caso, os custos com o corretor são do comprador.

Um conselho: se você não tiver experiência com corretagem, isso só o fará perder tempo e dinheiro. O melhor, então, é contar com o auxílio de um corretor. Por ser a especialidade dele, haverá a chance de um número maior de pessoas mostrar-se interessado pela compra de sua propriedade, aumentando as chances de realizar de modo mais rápido e seguro a transação.

6.2 Comprar para obter renda – alugar

Após a compra, a primeira coisa que se deve ter em mente é que o dinheiro de retorno pode vir tão rápido quanto a venda, bastando arrumar alguém para alugar o imóvel. Para obter o retorno com aluguel, é preciso ter a imissão na posse. Na maioria das vezes, você precisará investir no imóvel, deixando-o em condições mínimas de habitação, como consertar as partes hidráulica e elétrica e colocar armários (de preferência embutidos) no banheiro, cozinha e quartos.

Dessa forma, a concorrência ficará mais acirrada, pois você oferecerá ao interessado condições de se mudar imediatamente, o que o fará assinar mais prontamente o contrato de aluguel.

Passado esse aperto com as despesas da reforma, passaremos a ver como negociar a locação. É melhor cuidar de tudo sozinho ou contratar uma corretora?

Uma boa locação residencial deve ter rendimento entre 0,4% e 1,2% – esses são valores médios de imóveis vendidos em leilões judiciais. Não são imóveis de venda de um mercado primário[13] ou secundário[14], são imóveis vendidos em leilão judicial.

---

13 Mercado primário é o imóvel recém-construído e vendido pela construtora ou incorporadora para um comprador.
14 Mercado secundário é o imóvel que não é novo; são imóveis comuns que vemos no dia a dia sendo vendidos por pessoas que querem se desfazer de seus bens.

Na hora de alugar, não basta a velha premissa de nossos pais, que dizem "ele é um bom inquilino, paga em dia, não atrasou o aluguel um só dia na outra casa em que morava". O que importa é o rendimento da pessoa ou da família que ocupará seu imóvel, além de garantias para o devido pagamento do aluguel em dia e de eventuais danos causados ao imóvel por descuido ou uso inadequado do inquilino.

A seguir, dou algumas dicas para comprar imóveis em leilão para alugar:

- sempre é preferível comprar dois imóveis mais baratos do que um caro; apartamentos menores são mais fáceis de alugar do que apartamentos maiores;
- entre escolher um imóvel comercial e um residencial, prefira o comercial – além de ser muito mais seguro juridicamente, é mais rentável;
- para quem quer viver de aluguel, o melhor é delegar a tarefa a profissionais – preocupe-se apenas com novas aquisições;
- mais vale um imóvel menor bem localizado do que um excelente imóvel mal localizado;
- comprar terrenos ou velhos galpões e transformá-los em pequenos imóveis, lojas e salinhas comerciais é um tremendo negócio;
- uma casa velha pode sempre virar um ponto comercial;
- uma casa velha pode virar pequenos flats para turistas; e
- comprar imóveis já alugados pode ser um bom negócio.

6.3 Comprar com o dinheiro dos outros

Uma alternativa para quem quer investir em leilão e não dispõe de recursos financeiros é arranjar parceiros. Parceiros nada mais são do que investidores que confiam em você, confiam no que você diz e no novo negócio que você está trazendo.

Faça uma lista de pessoas que perderiam alguns minutos ouvindo você. Não precisa ser o amigo mais rico de seu caderninho, pode ser seu advogado, seu contador, o vizinho que sempre bate papo com você, o pai de um amiguinho do colégio de seu filho... Não tenha preconceito, qualquer um pode ser um investidor em potencial.

Após a conversa, demonstre seu plano de investir em leilões, relatando os riscos e os ganhos, mostre quais serão suas atribuições no negócio e qual a vantagem que você terá realmente com isso. Seja claro e, principalmente, coloque tudo por escrito.

É bem provável que pelo menos uma ou duas pessoas desse grupo queiram participar. A partir daí, você terá o dinheiro de seus investidores para adquirir um lindo imóvel no meu leilão ou no de outro leiloeiro, sem que, para isso, coloque um só centavo, dando, em troca, o bem mais precioso – seus conhecimentos e o trabalho prestado a eles daquele momento em diante.

ATENÇÃO!

Para locação, não há muita variedade de garantia. Elas podem ser apenas seguro fiança, caução e fiança.

No seguro fiança, o banco assume o risco da locação e seu inquilino paga mais alguns aluguéis ao banco, não a você.

Caução é depósito de determinado número de aluguéis – o que não aconselho, pois, se o inquilino for safado, você dificilmente vai recuperar seu prejuízo.

Fiança é o tipo mais seguro e o único que aconselho, pois, se o inquilino não paga, embora demore um pouco mais, você recebe cada centavo, recebendo judicialmente o montante – o que, na maioria das vezes, acarreta venda do imóvel que ele deu como garantia. Mas fique atento para que as certidões sejam limpas e não tenha menor envolvido na herança.

CAPÍTULO 7
PREPARANDO A VENDA DO BEM ADQUIRIDO EM LEILÃO

7.1 AVALIAÇÃO DO BEM ADQUIRIDO

Esse importante trabalho vai definir sua real posição no investimento. Depois de tanto andar analisando o imóvel, disputando e regularizando o bem, e tendo ainda algumas eventuais despesas pela frente, a avaliação é o que fará de você um investidor mais duro e amadurecido, deixando para trás aquele pequeno aprendiz de leilão. Nesse momento, trabalhando no ramo de leilão há 25 anos, eu tenho o prazer de apertar a mão do investidor e tratá-lo como um *vencedor*; embora o processo não tenha terminado, a fase crítica já passou. O momento agora é de alegria, pois falta pouco. Nada explica melhor tudo o que você passou do que um provérbio africano que diz que *tacar pedras em um elefante não o perturba*. Nesse caso, as pedras são os problemas que demoraram a se resolver, e o elefante é o sistema jurídico.

7.2 DEPRECIAÇÃO E VALORIZAÇÃO

Citarei dois casos concretos que servirão de ótimo exemplo. Antes de meu pai morrer, eu realizei um leilão de um imóvel de grande valor na Zona Sul do Rio de Janeiro. Esse imóvel estava com preço do mercado na época, havia tido uma avaliação recente e o bem foi bem divulgado.

A venda aconteceu na primeira oferta, pois geralmente só há duas ofertas, sendo a segunda inferior à primeira em caso de falta de interessados na primeira.

Nesse leilão havia umas seis ou sete pessoas, cinco com receio de lançar logo no primeiro pregão, razão pela qual não se manifestaram.

Um dos interessados, quando foi dar seu lance, descobriu que o outro interessado tinha um grande amigo em comum e, num piscar de olhos, resolveram montar uma parceria, para não pagar muito e vender o imóvel após o leilão.

Negócio bom para os arrematantes e ruim para mim, que ganharia menos, mas eu nada poderia fazer, pois eles cochichavam como se fossem amigos íntimos, e tive que aguardar o resultado.

No final, o arremate foi bom para mim, que consegui vender um imóvel caro, apesar de que, se eles tivessem brigado de fato pelos lances, eu teria um preço bem superior ao do imóvel e direito a mais comissão.

Os dois, depois de ratearem a compra do imóvel e a minha tão sonhada comissão, partiram para a regularização da compra e a venda, que foi muito rápida.

O valor do imóvel pago em 2005 teve, até 2013, um aumento de, no mínimo, 500%, e foi vendido antes da época do grande *boom* imobiliário que ocorreu no Rio de Janeiro, o que não deu muito lucro aos dois espertos compradores parceiros.

Não que o inverso também não ocorra – um bem que não é lá grande coisa pode ser comprado em uma época ruim e logo virar um sucesso total, dependendo de investimentos públicos e privados ao redor dele.

Foi o caso de um amigo chamado Jacó, que tinha pouco dinheiro para investir. Nessa mesma época, eu tinha um imóvel em Botafogo que não conseguia chamar a atenção de ninguém por estar localizado perto do cemitério, com uma vista que não parecia nada animadora. Jacó, então, fez algo que nenhum outro investidor fez: ele se deu ao trabalho de ir pessoalmente ao prédio e entender a posição de cada janela. Com esse esforço, ele se antecipou aos grandes e espertos investidores, descobrindo que, embora o imóvel ficasse perto do cemitério, nenhuma janela dava para o local de descanso dos mortos.

O imóvel foi vendido para o meu amigo Jacó, que teve grande lucro, quase dobrando seu capital.

Conte com a sorte, mas esteja atento para a hora em que ela aparecer.

Bons negócios!

Glossário*

Arrematante ou Licitante
Nada mais é que o comprador do imóvel ou aquele que dá lance, podendo ser tanto pessoa jurídica como física ou os dois ao mesmo tempo. Não há limite de número de pessoas.

Átrio
É o local onde o leiloeiro faz o leilão dentro dos tribunais. Esse local pode ser também modificado, sendo o leilão às vezes realizado em uma sala de audiência, no hall de entrada do tribunal ou até à porta de cada cartório, sempre predeterminado por um edital de leilão.

Auto de Arrematação
Também conhecido como AUTO DE LEILÃO, é o documento oficial que se dá após a compra em leilão, assinado pelo leiloeiro, juiz e arrematante mediante o pagamento imediato do preço ou parte dele e da comissão. Nesse documento consta o endereço do bem, as condições do leilão e os dados do comprador.

Autos
É o conjunto de peças de um processo judicial, que contém petições, decisões do juiz e outros acontecimentos que ocorrem no processo.

---

* Observação: o autor, quando escreveu este glossário, não teve intenção alguma de ser técnico e muito menos escrever numa linguagem para advogados ou profissionais. Sua única intenção é atender o público leigo, que nunca teve contato com o mundo jurídico que envolve leilões de imóveis.

Carta de Arrematação

Embora o nome seja parecido com auto de arrematação, esse documento é o passo seguinte da compra bem-sucedida em leilão, pois, findos todos os recursos sobre o leilão e tendo sido ele ratificado, é o documento assinado pelo juiz dando a propriedade do bem ao comprador (arrematante), o qual deverá ser levado imediatamente ao Registro Público. Uma vez feito o registro, a arrematação está perfeita e acabada.

Comissão

É o valor a ser pago ao leiloeiro pelo seu trabalho. Esse valor deve ser pago imediatamente ao leiloeiro na hora da compra, podendo o pagamento ser feito diretamente a ele ou através de depósito judicial.

A falta de pagamento da comissão do leiloeiro significa que o leilão não foi completo, dando pleno desfazimento da compra (arrematação), podendo ainda o arrematante sofrer ação judicial na esfera cível e até criminal.

Competência

É o local onde o juiz exerce sua função. Automaticamente o leiloeiro se submete a sua competência, sendo nomeado unicamente por esse juiz.

Despacho

É o ato processual em que o juiz do andamento do processo, por exemplo, requer que seja expedida a carta de arrematação. Nesse caso, o juiz do andamento do processo redige documento em que pede para expedir a carta de arrematação – a esse documento dá-se o nome de despacho.

Direito e Preferência

É a preferência exercida no leilão por uma das partes. Por exemplo, em uma ação de extinção de condomínio, uma das partes tem preferência sobre a arrematação terminado o leilão, pagando o preço proporcional a sua parte, sendo a comissão do leiloeiro sempre sobre todo o valor vendido.

A preferência não existe quando o autor quer o imóvel, pois, neste caso, ele terá que disputar o leilão e pagar com seu crédito, recebendo a diferença de volta ou complementando-a.

EDITAL
É o documento público que dá publicidade ao leilão. No edital estão contidos os dados inerentes ao imóvel e partes envolvidas na contenda judicial, além do dia, hora, local, nome do leiloeiro, preço dos bens e condições do leilão.

O edital pode ser encontrado em jornais de grande circulação e nos Diários Oficiais, que hoje na maioria das vezes são apenas digitais, não havendo circulação em papel.

ESCREVENTE
É o funcionário público que atende o público, principalmente advogados, e certifica os processos judiciais nos fóruns, Tribunais Regionais do trabalho e Varas Federais. É possível dizer que é o elo principal entre advogados e juízes.

GUIA JUDICIAL
É o documento oficial pelo qual deverá ser feito o depósito da compra do bem, da comissão ou de qualquer outro tipo de título e valor.

HIPOTECA
É o gravame do imóvel relativo a uma dívida que existe ainda sobre o imóvel. Quando um bem é levado a leilão, deve-se observar se o credor dessa hipoteca foi devidamente intimado, pois a falta de intimação pode dar motivo para anulação do leilão.

IMISSÃO NA POSSE
Nada mais é que a entrega oficial do imóvel arrematado, tanto judicial quanto extrajudicialmente. Esse pedido deverá ser feito pelo arrematante após a arrematação. Quando em leilão judicial, esse pedido ocorre na própria ação em que foi arrematado o imóvel, e é realizado com o auxílio de um oficial de justiça.

INTIMAÇÃO
É o mandado pelo qual o juiz determina ou comunica determinada ordem, podendo ser por via postal ou por oficial de justiça.

LEILÃO
É a modalidade de venda de bens, tanto em órgãos públicos quanto na iniciativa privada, na qual o leiloeiro, em um determinado

dia, leva à venda um bem para ser disputado por um ou mais interessados.

Leilão Anulado
O leilão é anulado por alguma irregularidade jurídica ou erro por parte do leiloeiro. O erro pode ocorrer por parte do leiloeiro, que redigiu mal o edital, ou por uma das partes do processo que foi indevidamente intimada. Muitas vezes o erro é do juiz ou do desembargador, sendo sempre possível recorrer dessa decisão. Nesse caso, a decisão de anulação pode ser mantida ou reformada.

Leilão Condicional
É o leilão em que o leiloeiro condiciona determinado assunto a ser apreciado pelo juiz. Essa modalidade a rigor não tem previsão legal; na maioria das vezes é uma tentativa de o leiloeiro tentar efetivar sua venda, dando uma chance ao comprador para tentar comprar um bem, com a possibilidade de uma nova apreciação do juiz.

Leilão Sustado
Às vésperas de um leilão é bastante comum, embora frustrante, ocorrer sua sustação. Isso em razão de uma das partes, geralmente de quem está perdendo o imóvel, trazer a juízo uma novidade que poderia acarretar injustiça. Também pode ser sustado por alegação de uma terceira pessoa nova ao processo, como, por exemplo, o direito não observado de uma esposa ou filho.

Livre e Desembaraçado
É a terminologia utilizada por leiloeiros para dizer que a compra do imóvel não acarretará mais ônus. Geralmente, quando o leiloeiro utiliza esses termos, na verdade ele quer dizer que o imóvel está livre dos ônus de condomínio e IPTU.

Multa de Leilão
Quando um arrematante não paga o preço lançado, ele fica responsável pelo pagamento de uma multa a ser proferida pelo juiz. O arrematante deve, ainda, pagar a comissão de 5% pertencente ao leiloeiro.

Desistir de uma arrematação após a propositura de um recurso está previsto em lei.

Embora o arrematante possa levantar o valor pago, ele perderá sempre a comissão, pois o leiloeiro exerceu seu trabalho e deixou de vender para outros. Ainda que não haja nenhum outro licitante, o leiloeiro trabalhou da mesma forma, com a publicação de edital e outros serviços, sendo que o arrematante reconheceu seu trabalho, lançando seu preço. Entende-se que o desistente causou prejuízo ao leilão; a desistência da compra causa diretamente prejuízos e danos ao leiloeiro, por isso o valor da comissão não é devolvido ao licitante, que sabia de antemão que estava participando de um leilão.

Penhora

É a garantia obtida pelo credor sobre o devedor. Essa garantia deverá constar no Registro Geral de Imóveis (RGI), contendo o local onde foi obtida tal garantia. Por exemplo, se a ação correr na Segunda Vara Cível da Capital, essa observação deverá constar no Registro de Imóvel, além do valor da época. Deverá ser feito também o registro da penhora por parte do credor, caso o bem seja arrematado em leilão, assim como deverá constar na matrícula a sua respectiva baixa. Esse procedimento deverá ser requerido pelo arrematante.

Praça ou Leilão

Praça ou leilão na prática significam a mesma coisa. A maioria dos leilões possui primeira e segunda praças tanto para leilões judiciais quanto extrajudiciais. Nos judiciais, a primeira praça é para o valor de avaliação, e, na segunda praça, é para venda no valor da metade da avaliação, sendo que pode ocorrer desse valor não ser permitido pelo juízo, e, nesses casos, por força judicial, o bem deverá ser vendido por até 80% do valor da avaliação.

No leilão extrajudicial é diferente; a primeira praça também é pelo valor da avaliação, mas na segunda é pelo valor da dívida do devedor, então pode ser a segunda praça nesses casos maior ou menor que o valor da primeira praça.

Preço Vil

É quando o valor é inferior a 50% do lance. Algumas vezes, com a soma do débito a ser assumido juntamente com o lance, esse valor deixa de ser vil, desde que comprovado o pagamento das despesas com a respectiva juntada dos pagamentos em juízo.

Propter Rem

Termo latim, muito utilizado nos leilões, que significa obrigação de pagamento. Isto é, quando se compra um imóvel e o leiloeiro diz *propter rem*, as dívidas são, em geral, de condomínios e Imposto Predial e Territorial Urbano (IPTU).

Nesse caso, é bom observar com atenção o edital de leilão, pois muitas vezes, como esses valores são mais elevados do que o valor apurado em leilão, deverá o leiloeiro anunciar "Desde que o valor cubra os débitos"; se não cobrir, a diferença ficará por conta do comprador.

Vara, Cartório ou Junta

É o local onde o juiz trabalha, ou melhor, onde exerce suas funções. Esse local é chamado de *sua jurisdição*. Por exemplo, um juiz da Primeira Junta do Trabalho não pode exercer sua função na Segunda Vara Criminal.

ANEXO I
LEILÃO VERSUS CORRETAGEM

Acredito que ambas as formas são excelentes opções de compra imobiliária, pois são seguras, são profissões regulamentadas e se completam. É normal o leiloeiro ligar para amigos corretores e se informar se o imóvel que está sendo levado a leilão será vendido por um bom preço. Também é muito normal que alguns corretores apareçam nos leilões com seus clientes para que estes adquiram um imóvel.

As principais diferenças entre leilão e corretagem são:

LEILÃO:

- reúne, de uma só vez, diversos compradores, o que nos faz perceber de forma mais clara o mercado imobiliário, sabendo se realmente um imóvel é desejado;
- o imóvel sai muito mais barato, com até 50% de desconto sobre o valor real;
- a comissão é menor, de 5%;
- há risco de o negócio não fechar por recursos contra o leilão ou por erro técnico no leilão;
- o leiloeiro fornece imediatamente todas as certidões para serem examinadas;
- não é preciso notário, apenas faz-se o registro após a compra; e
- nem sempre é possível visitar o imóvel.

CORRETAGEM:
- em cada venda é apresentado um comprador de cada vez, de forma que o interessado não sabe se o imóvel é desejado por muitos;
- o imóvel é vendido pelo preço de mercado ou mais;
- não há risco de o negócio ser desfeito, tanto na hora da compra como depois de realizada;
- as certidões não são apresentadas na hora, apenas depois da negociação;
- são necessários um notário e um registrador;
- é possível visitar o imóvel quantas vezes forem necessárias; e
- a comissão é de 6%.

> DICA
> Tecnicamente, praça é a venda de imóveis em leilão de bens móveis, mas, na prática, todos chamam ambos de leilão.

ANEXO II
PERGUNTAS QUE NÃO DEVEM SER FEITAS PARA NÃO OUVIR UMA RESPOSTA INCONVENIENTE

Antes de você sair por aí perguntando coisas sem sentido, listarei aqui algumas perguntas muitas vezes sem sentido que fazem para leiloeiros, com respostas nem sempre agradáveis de serem ouvidas!

QUANDO TIVER ALGUMA GALINHA MORTA, ME LIGA?
Resposta: *Com certeza! Sou leiloeiro há vinte anos, e é a primeira vez que alguém me pede isso. Como não pensei nisso antes? Obrigado, você é um gênio. Não entendo como está pobre até hoje.*

VOCÊ TEM ALGO BOM PARA ME OFERECER? MAS SÓ SERVE SE FOR MUITO BOM!
Respostas: *Tenho, mas não é para seu bico.*
Tenho, mas já liguei para o ricaço que está precisando disso mais que você.

QUE GARANTIAS EU TENHO SE FOR AO SEU LEILÃO? VOU CONSEGUIR COMPRAR ALGUM BEM COM MUITO MAIS VANTAGENS?
Resposta: *Se você não conseguir arrematar nada, pode voltar com o mesmo dinheiro que trouxe no leilão. O que acha? Não é uma garantia?*

VOCÊ PODE BATER O MARTELO PARA MIM?
Resposta: *Sim, mas tem que chamar a imprensa. Não vejo a hora de sair algemado de um leilão e aparecer em rede nacional nos diversos canais de TV.*

QUANDO TIVER ALGO MUITO GRANDE, ME LIGA, TENHO UM GRUPO DE INVESTIDORES MUITO FORTE!
Resposta: *Legal, espero que não seja o engraxate da esquina, pois ele não entende nada de leilão.*

EXISTE MÁFIA NO LEILÃO?
Respostas: *Sim, lógico, embora o leilão seja público, envolva o Ministério Público, juízes, advogados, todos gostam de desrespeitar a lei e aparecer nos noticiários algemados.*

Sim, talvez esteja junto com a máfia dos engenheiros químicos, agrônomos e a máfia dos veterinários, que mantêm vários dobermanns aos seus serviços.

VOCÊ PODE NÃO COLOCAR EM SEU SITE ESTE IMÓVEL QUE VAI A LEILÃO POR R$ 300 MIL? EU O QUERO TANTO! É PARA MORAR, SABE?...
Resposta: *Sim, com certeza, você é um coitadinho. Me dê R$ 5 milhões, pois os advogados são muito caros neste país, mas não se esqueça de pagar a comissão e depositar o valor principal.*

EU QUERO SUA AJUDA, POIS, ASSIM QUE VENDER O IMÓVEL QUE COMPREI COM VOCÊ, VOU VOLTAR E COMPRAR MUITO MAIS!
Resposta: *Puxa, que incrível! Você é legal mesmo! Vai comprar algo comigo, ter um lucro de 100% e voltar sempre ao meu leilão para repetir a operação. Cara, você é demais!*

TEM MUITA GENTE LIGANDO INTERESSADA NESTE LEILÃO?

Resposta: *Não, Pedro Bó*[15]*! Embora o anúncio tenha saído em vários jornais, na minha página da web, na newsletter do meu site, que mais de 20 mil pessoas recebem, parece que nesse dia só você leu sobre o leilão.*

---

15 Personagem do ator e comediante Chico Anysio, já falecido, que personificava um sujeito que pergunta o óbvio.

ANEXO III
MODELOS DE PETIÇÃO

Neste anexo coloco um modelo simples de petição, que é praticamente padrão, utilizado pelo melhor e pelo pior advogado do mundo. O que pode mudar na petição do melhor e do pior advogado do mundo é simplesmente a redação. Os pedidos em si são sempre os mesmos – a desvinculação da garantia de outras dívidas em relação ao novo imóvel, bem como a própria entrega do imóvel.

III.1 ENTENDENDO A PETIÇÃO

Toda petição é dirigida ao juiz, de forma que seu cabeçalho é específico, mudando a competência, podendo ser ao juiz do trabalho, ao juiz de execuções fiscais, ao juiz da vara cível ou, ainda, da capital ou da comarca.

EXMO. SR. DR. JUIZ DE DIREITO DA _____ VARA CÍVEL DA CAPITAL DO RIO DE JANEIRO

Logo abaixo colocamos quem somos, por exemplo, arrematante. Em seguida, descrevemos o processo em que se encontra a arrematação, ou melhor, nossa compra.

_____, arrematante nos autos em que _____ move contra _____ na ação de _____

Em seguida, fazemos nosso pedido, como expedição de carta de arrematação, baixa nas penhoras e imissão na posse.

Cada item abaixo solicitado tem tramitação diferente, podendo ser deferido de uma só vez ou um a um, isso dependerá da situação jurídica do processo que foi arrematado e do entendimento do juiz.

A expedição de carta de arrematação, por exemplo, não poderá ter recurso pendente, pois, uma vez liberado, você poderá registrar totalmente em seu nome.

Quanto à baixa nas penhoras, se houver uma, duas, três ou mais, sendo muitas vezes juízes diferentes, esse trabalho deverá ser feito indo de juiz a juiz – o mesmo ocorre se houver hipotecas.

Em relação à imissão na posse, se for expedição de um mandado judicial, um oficial de justiça o acompanhará para garantir a posse do imóvel com reforço policial, se necessário, cumprindo a determinação judicial.

Vem requerer a V. Exa. a expedição de carta de arrematação, baixa nas penhoras e imissão na posse.

Quem deve assinar a petição é o advogado, mas há ainda juízes que não se importam que os arrematantes assinem suas próprias petições. Se for necessário falar pessoalmente com um juiz, o advogado é a melhor opção, pois dificilmente um arrematante terá êxito – seria como pedir para um enfermeiro operar no lugar de um médico.

III.2 MODELO BÁSICO DE PETIÇÃO

EXMO. SR. DR. JUIZ DE DIREITO DA _____ VARA _____ DA CAPITAL DO RIO DE JANEIRO

NÚMERO PROCESSO.

_____, arrematante nos autos do processo de execução em que _____ move contra _____, na ação de _____, vem requerer a V. Exa. o seguinte:

1) Baixa na penhora.
2) Expedição de carta.
3) Imissão na posse.

Isto posto, pede deferimento e desde já reserve o montante referente ao condomínio e IPTU, conforme apregoado em leilão livre destes encargos.

Assim sendo, junta desde já procuração e custas judiciais.

Rio de Janeiro, _____ de _____

Nestes termos,
Pede deferimento

Advogado ou arrematante

_____
Nome e OAB

Observação: Juntar, em folha anexa, o comprovante das custas pagas. Se for com advogado, a procuração se torna bem útil. No pedido de baixa na penhora, citar uma a uma, juntando a cópia do RGI, marcada em caneta marca-texto, para que o serventuário da Justiça possa expedir os respectivos ofícios de baixa.
Se houver credor hipotecário, também pedir baixa na hipoteca.

MATRIX